COMMUNITY
TRAVEL
GUIDE
VOL.5

千葉県銚子市
明日に一番近い町の
人々に出会う旅

例年の初日の出の時刻は6時46分頃。
銚子電鉄は「初日の出臨時列車」を増発し、深夜や早朝も運行している。

日本で一番早く
初日の出があがる町

関東最東端にある千葉県銚子市。*日本で一番早く初日の出を見ることができる町だ。毎年、年末年始になると、犬吠埼や君ケ浜などの絶景スポットは多くの人々で賑わい、新春の初打ち“銚子はね込み太鼓”の披露など、イベントも盛りだくさん。銚子は、日本一の魚の水揚げ量を誇り、魚の種類も多種多様。温暖な気候がらおいしい野菜や果物が豊富に穫れるという、恵まれた環境の土地。江戸の食文化を支えた、醤油の醸造地としても知られている。祭りが盛んなのも特徴だ。脈々と先人から受け継がれた伝統、日本人の心が、ここにはまだ残っている。そんな、スペシャルな町へ、少し足をのばしてみてはいかがだろうか？

*山頂、離島を除く

Contents

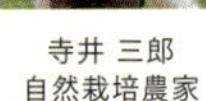
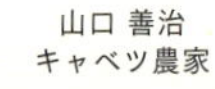

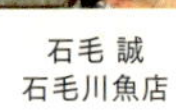

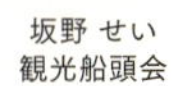

銚商 夢 市場
Chosho Dream Market

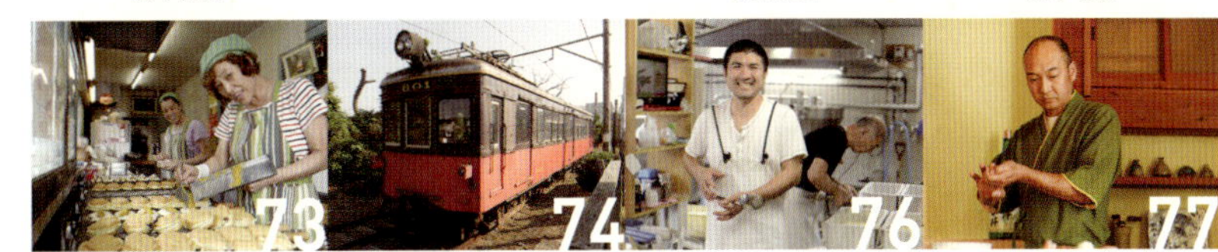

データの見方

伊藤ゴム風船工業所　地図A-⑩ ―― 地図掲載番号

銚子市君ケ浜8741　☎0479-23-2457　🕔8:00〜17:00 ―― 営業時間　㊡土・日 ―― 休業日

¥風船作り体験（約60ヶ）¥800（税込、要予約） ―― 料金目安　君ケ浜駅から10分 ―― 移動手段と所要時間

※データは2015年1月時点での最新情報です。消費税は8%で計算しています。

Where is Choshi ?
ほととぎす 銚子は国の とっぱずれ

江戸の豪商・古帳庵（こちょうあん）が「ほととぎす 銚子は国の とっぱずれ」と詠んだといいます。銚子はまさに太平洋につきだした関東平野の最東端のまち。「隣はアメリカ」なんて笑って話す銚子人も多いとか。

華やかに港を彩る大漁旗の技術を後世に伝える

宮澤 紀年・雅樹

江戸時代、房総半島では豊漁祝いに網元が漁師に「萬祝着（まいわいぎ）」という、晴れ着を贈る風習があった。伝統的工芸品「萬祝式大漁旗」は萬祝着の染色技術で作られた旗だ。港にいち早く大漁を知らせるため、漁船は赤や青の鮮やかな大漁旗を掲げる。漁師の仕事始めを祈願する、「漕出式（こいでしき）」や、新しい船の誕生を祝う「進水式」でも船を彩る目的で使われてきた。宮澤紀年さんと息子の雅樹さんは、江戸時代から続く「額賀屋染工場（ぬかがやそめこうじょう）」の八代目と九代目。大漁旗の下絵描きと染の作業は熟練の技が必要だが、紀年さんは手慣れた筆さばきで図柄や文字を描いていく。3メートルもの大作を手がけることもある。「三陸で自分が描いた大漁旗を掲げた船を見たときはうれしかったね」とご主人。店内では大漁旗をモチーフにしたブックカバーやうちわなども販売しており、どれも1点もの。お土産にもぴったりだ。

額賀屋染工場　地図B-1
銚子市中央町2-3　☎0479-22-1135　🕘9:00～17:00　休日・祝
¥うちわ¥2,000（税抜）～、文庫本用ブックカバー¥1,000（税抜）～　銚子駅から10分

CMD
TOWN & COUNTRY
GROOVING
CMD

〝銚子つりきんめ〟のブランドを守り次世代に継承する

外川キンメ船団の皆さん

千葉ブランドの魚といえば、金目鯛。「銚子つりきんめ」は銚子沖で立て縄と呼ばれる一本釣り漁法により、一尾ずつ丁寧に釣り上げられた金目鯛だ。外川キンメ船団は銚子の金目鯛の価値を高めるために1995年に結成。つい最近まで、メンバーである漁師自ら、東京都内の催事場や千葉駅前、「海ほたる」に出向き、金目鯛のPRを行っていたという。そのかいあってか、毎年開催される「きんめだいまつり」の集客数は年々増加。「次世代に資源を残すために乱獲はしない」と団長の田辺克己さん（前列左から2番目）。資源保護のために、「網を使わず釣り針で釣る」、「釣糸が1人2本、釣針は120個」、「漁場の一部を1～5月は禁漁」、「日祝は周年禁漁」、「25センチ以下の小型魚は再放流する」といった取り決めを実施している。「もっと気軽に金目鯛を食べてもらいたい。近い将来、銚子市内に漁師のおかみさんたちが金目鯛料理をふるまう“かあちゃん食堂”をオープンしようと考えています」。今から楽しみだ。

築地の市場で高値で取引される銚子の金目鯛。毎年銚子市内で「きんめだいまつり」を開催

銚子つりきんめ 公式 web
http://choshiturikinnme.web.fc2.com/framepage1.html

>>> Men's Cooking <<<

浜の兄貴直伝! 簡単浜料理

簡単イワシの酢なめろう

なめらかな舌触りでお酒がすすむ一品。黒酢の爽やかさと時々くる七味のピリッとした刺激がやみつきに!

[材料(4人前)]
イワシ3匹
生姜一塊
しその葉6枚
味噌 大さじ2
黒酢
七味適量

1 >>> 3枚おろし(イワシ3匹/4人前)

3枚おろしにして皮をむききれ!

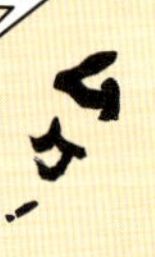

2 >>> たたき

まな板にイワシの身、生姜(薄く切る)、しその葉(6枚)、味噌(大さじ2)を加え、ひたすらタタケ!

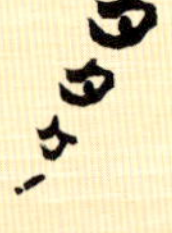

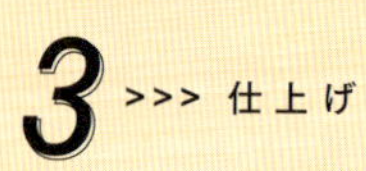

3 >>> 仕上げ

②で出来たなめろうに黒酢と七味をかけろ!

海の男たちのまかない料理を、銚子の男たちから兄貴と呼ばれ愛される一山いけす（p.36）の宮川さんから、こっそり伝授してもらいました。これを食べれば、今日からあなたも海の男!?

宮川兄貴

サクッ、ふわっとした食感のあとにガツンとくる醤（ひしお）のタレ。白飯と一緒に男らしくかっこんで、浜に繰り出せ！

寒サバの竜田揚げ兄貴風

[材料（4人前）]
サバ1匹
ごま油 大さじ3
ラー油 大さじ2
砂糖 大さじ3
醤大さじ1
長ネギ 10cm程度
小麦粉・揚げ油 適量

1 >>> 3枚おろし（サバ1匹/4人前）

3枚おろしにしたサバを一口大に切れ！

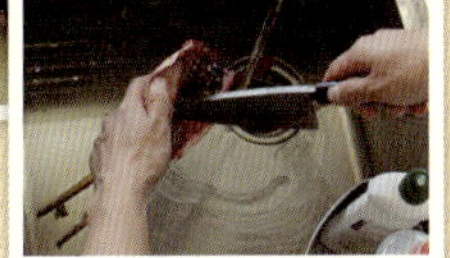

キレ！

2 >>> 揚げ

小麦粉をまぶしてカラッとなるまで揚げろ！

アゲロ！

3 >>> タレ作り

ごま油（大さじ3）、
ラー油（大さじ2）、
砂糖（大さじ3）、
醤（ひしお）（大さじ1）、
長ネギ（10cmみじん切り）
をまぜろ！

マゼロ！

4 >>> からめ

③で作ったタレに②で揚げたサバをからめろ！

カラメロ！

すべての船のために光を放つ 犬吠埼灯台を灯台研究の聖地に

犬吠埼ブラントン会の皆さん

「犬吠埼(いぬぼうさき)灯台は、海水浴の時に家族と訪れたり、海岸で部活動をしたりと思い出の場所でした」と犬吠埼ブラントン会 代表幹事の仲田博史さん（左から4番目）。イギリスの灯台技師、リチャード・ヘンリー・ブラントンが設計し、1874年に完成したこの灯台は、日本を代表する灯台の1つだ。1999年、「灯台シンポジウム」開催をきっかけに、仲間たちと犬吠埼灯台の研究と保存を目的に会を設立。メンバーは税理士や高校美術講師、建築設計士など10名で、仲田さん自身は魚箱販売会社の経営者。霧の時に音で灯台の場所を知らせる「霧笛」が2008年に廃止され、霧笛の音を集めたCDをリリース。現在は犬吠埼灯台の資料集を編集中だ。「分け隔てなくすべての船のために光を放つ。灯台は寛大ですよね」。いつか、スコットランドのブラントンの生家を訪ねるのが楽しみなのだそうだ。

犬吠埼灯台 地図C-1
銚子市犬吠埼9576 ☎0479-25-8239 8:30～16:00 休無休
¥入場料 大人¥200（税込・小学生以下無料） 犬吠駅から15分

しのだ

昔ながらの製法で真心こめて
絶品佃煮を作り続ける

篠田 倫子

銚子港で水揚げされたとれたての魚と銚子の無添加の醤油とみりん。薪を使って平釜でじっくり3～4時間ほど炊き上げた佃煮は、ギューッと魚の旨味が閉じ込められ、どこかホッとするやさしい味わいだ。「鮮度が高い魚は出来上がりが玉虫色に光っているんですよ。煮崩れもしないですし、全然、生臭くないでしょう?」と三代目主人、篠田倫子(ともこ)さん。創業から親子三代、篠田さんの佃煮を楽しみにしているお客さんも多い。お嫁に来てはじめてカツオをさばいたとき、「魚から血が出たことに驚いた」と笑う。二十数年前にご主人が他界。“私が看板を守らなきゃいけない!”という一心で仕事に打ち込んできた。今ではふたりの娘さんと店を切り盛りする毎日だ。「佃煮は洋風でも合うんです。キャベツを千切りにして、カツオやマグロの佃煮をほぐしてパンにのせてね、マヨネーズをかけて、ホットサンドにするとおいしいのよ」といろんなレシピが飛び出す。佃煮のやさしい味わいは篠田さんの人柄そのものだ。

左：新鮮なサンマやカツオ、イワシの佃煮。かつお佃煮（100g）650円（税込）～、さんま佃煮（100g）650円（税込）～
右：薪でじっくり3～4時間煮る

篠田食料品店 地図B-2
銚子市東芝町2-13 ☎0479-22-1432 8:30～18:30 休日 銚子駅から5分
web 商品はhttp://www.shinoda-tsukudani.co.jp/でも購入可

大きくて甘い〝もういっこ〟で食べる人を笑顔にしたい

岩瀬英行・静江

大粒でガクの付け根まで真っ赤なイチゴ品種“もういっこ”。食べた時に果肉はしっかり、酸味もほどよく、バランスのよい味わいだ。イチゴを育てて40年目の岩瀬英行さんは、「宮城の品種だけど、試作で作ったらおいしくて」、2014年から本格的に“もういっこ”栽培をはじめた。1～5月のシーズンには最大で5～8cmほどの大きさになり、食べごたえ充分。「大きいからお客さんに喜ばれる。すぐに売り切れちゃうわね」と奥さんの静江さん。イチゴがどんどん色づいてくる瞬間がたまらなく愛おしいと英行さん。「おいしいイチゴになってくれよって」。

真っ赤に熟したいちご“もういっこ”。口に入れると、瑞々しく、甘い

岩瀬農園　地図A-①
銚子市忍町62-1　☎090-8882-4925　🕘9:00～19:00　休 不定休
¥ イチゴ“もういっこ”1粒¥100（税込）　🚗 銚子駅から20分

栄養豊富なブルーベリーを多くの人に楽しんでほしい

小池啓保（ひろやす）

小池啓保さんは会社を退職後、２００５年からブルーベリーを奥様の房子さんと育てはじめた。「実のなる木はいいなぁって。妻もブルーベリーが好きだったものですから」。農園内では無農薬で30品種、約千本のブルーベリーを育てている。品種によって大きさ、味わいも異なるからびっくり。自家製のジャムも美味。「生産者が増え、銚子といえばブルーベリー、と言われるようになれば素敵ですね」。

ブルーベリー生果実
1パック ¥350～（税込）
（品種、果実サイズにより異なる）

小池ブルーベリー農園　地図A-❷
銚子市豊里台1-1044-68　☎0479-33-4532
🕓9:00～17:00（ブルーベリー販売 6月～9月上旬）
休 不定休　¥ 無添加手作りジャム ¥500（税込）～
下総豊里駅から15分

おいしいメロンに育つよう土作りからコツコツと

萩原博

はぎわらファームの萩原博さんは、メロンを作り始めて30年以上。試行錯誤の末、おいしいメロンには土が肝心と、今は有機肥料で土作りを行っている。「苦労して育てたメロンを〝おいしい！〟といってもらった時が一番うれしい」。複数のメロンを育てており、なかでも味のバランスのよい緑肉系のラブコールメロンが一番人気だそう。毎年、「まだか、まだか」と心待ちにしているファンも多い。

銚子の土と潮風、そして温暖な気候が甘いメロンを作る

メロンの直売所（萩原さんのメロンが買える場所）地図A-❸
銚子市小浜町1958-4　☎090-1463-7606
🕓9:00～18:00　休 6月上旬～7月下旬まで無休
¥ たかみメロン一玉 ¥700（税込）～
🚗 銚子駅から15分

Must go there

個性派が勢揃い！ 軽トラ市

勝味屋
深井 しの子

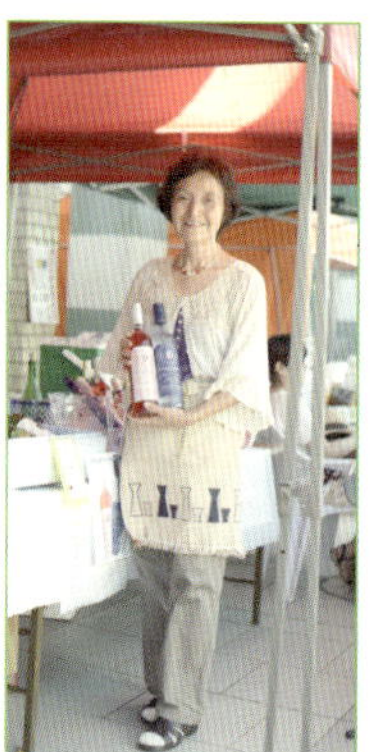

情熱をこめて軽トラ市を育ててきた深井さん。イチオシはポルトガルワイン。ポルトガルは気候や文化が銚子と近く、お魚との相性も抜群なんだそう。

地図 B-④
勝味屋（カツミヤ）
銚子市新生町 1-50-11
☎0479-22-0560

吉川陶器店
吉川 徹

本業は陶器屋さんですが、軽トラ市のテーマや季節に合わせて、お茶やサバの薫製袋などさまざまなものが店頭に並びます。もちろん陶器も購入可能。

地図 B-⑤
吉川陶器店
銚子市新生町1-41-51
☎0479-22-0784

The Hive and Barrow
石神さん夫婦

山を2人で切り開いてつくった畑で無農薬野菜を育てる、元気いっぱいなご夫妻。旬の野菜のピクルスや地鶏の卵など、こだわりたっぷりの商品が魅力。

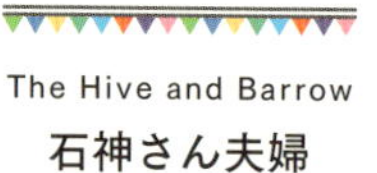

裏庭マルシェ
yamagine
山口 加奈子

野菜などの銚子の特産品、アート作品など、個性豊かな商品が並びます。カフェも併設されているから、買い物に疲れたら、山口さんの笑顔にいやされて。

いまが旬の新鮮な食材から陶器、絵画、はたまたメダカまで揃う、銚子人の生活になくてはならない軽トラ市。商売上手な出店者の中から、今回は特に個性的な、常連出店者をご紹介。
ここでしか会えない人もいるから要チェックです！

銚子観音門前・軽トラ市　地図B-③
銚子市新生町銀座通り　☎0479-25-1666（銚子銀座商店街振興組合）
🕙10:00～15:00［毎月第四日曜日開催（年末など一部変更あり）］ ¥時期、商品により異なる 観音駅から10分

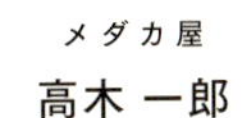

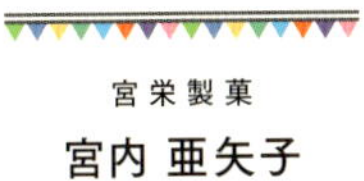

メダカ屋
高木 一郎

メダカの魅力にはまり、お店を出せるほどの種類のメダカを育てる高木さん。特にお気に入りは、オパールのような輝きが特徴のスーパーミユキ！

高木さんのお宅
銚子市長塚町
☎090-3092-6816
※希望者は自宅周辺を案内します（要相談）

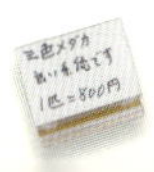

池永蒲鉾店
池永 裕

サメでつくるさつまあげや、はんぺんのフライをパンに挟む練り物バーガーなど、銚子の魚をふんだんに使用したここにしかない奇抜なメニューが売りです。

地図B-⑥
池永商店前で直売
（毎週月土10-12､16-18時）
銚子市新生町1-2
☎0479-22-1004

画家
サイトウ ヒロミチ

鮮やかな色の水彩で描かれる銚子の風景。気軽に手に取れる価格設定も魅力で、海外からの旅行客がお土産に購入していくことも多いんだとか。

宮栄製菓
宮内 亜矢子

おススメの草餅は、軽トラ市に合わせて、ご自分で摘んだヨモギを使って作っているんだそう。ご主人が流木で手作りした看板も味があってステキです。

地図B-⑦
宮栄製菓
銚子市北小川町2480
☎0479-22-3743

銚子を堪能して、子供を授かる!?
「妊活」をテーマにした新企画

佐野明子

年に2回行われる菅原大神の例祭で「子宝石」を抱いた人は子宝に恵まれる、という言い伝えがある。観光プロデューサーの佐野明子さん（右下）は横浜出身。旅行雑誌の営業で銚子に通うようになって、自然豊かなこの地に魅せられた。銚子の観光プロデューサーだった当時に、「妊活」をキーワードに銚子ツアーをしてみてはどうだろうと思いついた。「イルカが銚子の海に出産にやってくるイメージと重ね合わせられるかな、と思ったんです」。ヨガ講師の中西ひろみさんと吉澤婦代美さん、マクロビオティックの料理家である木ノ内悦子さんがメンバー。第1回は2013年の2月に開催。参加者は犬吠埼の宿に泊まり、海岸で朝日の中でヨガ講習、銚子の食材を使って妊娠に結びつくように工夫された食事をいただき、例祭で参拝する。「参加者のみなさんには楽しんでいただきました」と佐野さん。「妊活」をきっかけにして、銚子を知っていただければうれしいと微笑む。

菅原大神の子宝石。例祭の時だけ抱くことができる

佐野さんたちが行うイベント情報
『食べて祈って♪銚子から妊活を考えるブログ』(http://choshininkatsu.blog.fc2.com/)
または、銚子市観光商工課（0479-24-8707）までご確認下さい。

君ケ浜の海で育ち
日本一のサーファーに

辻 浩二・白土 勝久

元プロサーファーの辻浩二さん(左)と現役プロサーファーの白土勝久さん(右)。共にアマチュア時代は全日本選手権で優勝経験を持つ。「高校が終わったらすぐに君ケ浜に駆けつけてサーフィンばかりしていた。仲間が50人ぐらいいましたね」と'71年生まれの辻さん。当時の君ケ浜は最高の波がくることで有名だったそう。'80年生まれの白土さんにとって辻さんはずっとヒーローで目標だった。「同郷の誇りでした」。「サーフィンを続けてこられたのは仲間と周りのサポートのおかげ」とふたりは口をそろえる。波に乗るふたりの姿は最高にかっこいい。

数々のプロサーファーをうみだした伝説の浜、君ケ浜

君ケ浜海岸　地図C-2
銚子市犬吠埼　君ケ浜駅から10分

ハーブが苦手な人でも おいしく食べられる料理を

鈴木 浩之

上:「ハーブティーブレンド」¥430(税抜)
下:「季節で変わる香草ピッツァ」
¥820(税抜)

ラベンダーやローズマリー、ミント…季節によって200～300種類のハーブや植物が生い茂るハーブガーデン。敷地面積はなんと5,500平方メートル!「銚子は夏は涼しく、冬は温暖でハーブに適した環境なんです」とハーブガーデン ポケットの二代目オーナー、鈴木浩之さん。店内にはハーブティーやジャムなどが並び、ハーブを使った料理が楽しめる。「ハーブが苦手な人でも“おいしい!”といってもらえるメニューを心掛けています」。花や植物は生活を豊かにしてくれるもの。近い将来、高齢者向けに車で移動花店をスタートするのが目標だ。

ハーブガーデン ポケット　地図A-❹
銚子市笠上町7005　☎0479-25-3000　🕓9:00～18:00(冬期～17:00)　休木(祝日は営業)
¥ハーブ園のモーニングセット¥650(税抜)　笠上黒生駅から15分

努力と執念が生み出した結晶
ふわふわミルキーなアイスづくり

宮内 靖文

「すっぴんミルク」を食べたときの衝撃ったら！ ふわっとミルクの香りがして、なめらかでほどよい甘さ。生産者は宮一畜産の宮内靖文さん。友達に作ったアイスクリームが評判となり、商品化すると決めてからが大変。2年間、納得の味になるまで、何度も試作を重ねた。風味を損なわないように、こだわったのは、安定剤、保存料無添加ということ。「ほとんど意地でした」と宮内さんは笑う。2013年夏にショップをオープン。翌年2月には県主催のコンテスト「食のちばの逸品を発掘」でなんと金賞受賞！今度は究極のソフトクリームの研究に励む。

「メロン」や「いちご」など季節限定のフレーバーもあり、ネットでも購入可

YAMAJIYA　地図A-5
銚子市正明寺町27 ☎0479-33-2200 10:00〜17:00 休火 ¥すっぴんミルク ¥310（税込）
銚子駅から25分 web 商品はhttp://www.yamajiya.com/ でも購入可

缶詰のおいしさに感動し、今やしゃべって踊れる営業マンに

宮原 克弥

「サバカレー」や「銚子風おでん」で有名な信田(しだ)缶詰。営業の宮原克弥さんは、人手が足らないと聞いたら、リフトに乗ってダンボール箱を運び、工場で商品を加工し、取材対応もこなす。「経理以外は何でもやりますね」。入社当初は毎日10トンのサバが目の前で加工されていく過程におののき、サバに襲われる夢まで見たと話す。できあがった缶詰のおいしさに感動して以来、イワシやサンマ、サバは自社の缶詰でしか食べない。「骨まで食べられるからラク。面倒くさがりなんですよね」。カメラを向けると踊りだす、サービス精神満点なマルチ営業マンだ。

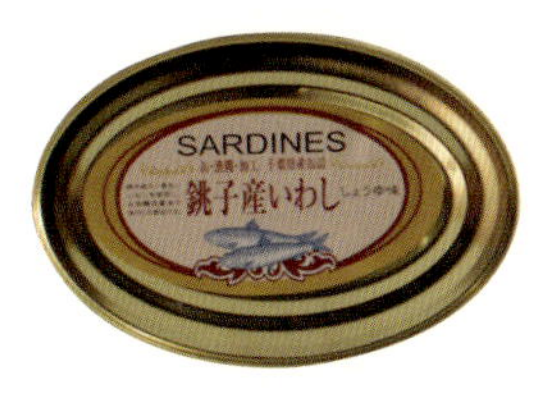

銚子産醤油で味付けした「銚子産いわし」¥270（税込）。千葉県ブランド水産物認定商品

銚子のご当地缶詰としても人気の「サバカレー」1缶 ¥216（税込）。全国にファン多し

信田缶詰直販店「しだや」ウオッセ店　地図A-6
銚子市川口町2-6529-34 ☎0479-24-3910 🕓8:30～17:00 休無休
笠上黒生駅から20分 web 商品はhttp://www.shidaya.netでも購入可

Banana
DaVinci

ボリューム満点のベーグルサンドで銚子人を笑顔で迎える

飯森 由美

商店街にある小さなカフェ。ここの名物は「アボカドチキン」や「じゃがいものオムレツ」などを挟んだボリュームたっぷりのベーグルサンド。「オリジナルカフェラテプリン」「クロッチョパフェ」などのスイーツも充実とあって、いつもお客さんで大賑わいだ。店主の飯森由美さん（右）は元看護師。2003年にオープンした当初は、オーナーである夫と共になかなか仕事に慣れなかったという。「毎日、憔悴しきって“もうやめたい”と何度も思いました。でもお客さんに励まされて、“頑張らなきゃ”って続けてこられました」。新商品1つ出すにしても夫と何十回も試作を繰り返し、納得のいく商品でなければ店に並べない。「せっかく食べていただくのだったらおいしいものを食べて欲しいじゃないですか」。その言葉どおり、どれも抜群のおいしさだ。それに飯森さんとスタッフの堀井聖子さん（左）の笑顔が加われば、毎日満席なのは納得。ラテアートをほどこした、自慢のカフェラテもぜひ試してみたい。

上：人気の「チキンのりごぼうベーグルサンドイッチ」¥350（税込）
右：ファインショットラテ ¥450（税込）

クロッチョカフェ　地図B-8
銚子市中央町13-6　☎0479-23-7096　🕓11:00〜18:00（土日祝のみ17:00まで。フードL.O.15:00、15:00〜17:00はカフェのみ）休水・木　銚子駅から10分

息子のぜんそくを緩和させた
おいしい野菜を土から育てる

寺井 三郎

息子さんが小児ぜんそくになったことがきっかけで、有機栽培に移行した寺井三郎さん。有機栽培で育てた野菜を食べた息子さんの顔色はみるみるよくなり、発作も減った。「農業ってすごいなって思った」。以来、あらゆる農法を試し、現在は農薬も肥料も使わない「無肥料栽培」に。無肥料栽培は土が基本。土の状態を見極め、どの作物が向くか判断する。「それが難しいし、おもしろい」と寺井さん。そんな畑でできた葉野菜はシャキシャキで力強く、にんじんや大根などの根野菜は自然の甘みが強い。現在、耕作放棄地を畑に戻すことにも取り組んでいる。

寺井さんの作る野菜は味が濃くて瑞々しい。全国から注文がくる

ブリジット商店（寺井さんの野菜を購入できるwebサイト）
http://www.rakuten.co.jp/bridgeit-2/index.html

規格外のキャベツは惣菜に ムダをなくした農業を目指す

山口 善治

山口善治（ぜんじ）さんはキャベツを作り続けて40年のベテランだ。温暖な気候によって育まれたキャベツは、ミネラルたっぷりで瑞々しく、ほのかに甘い。1997年に「自分で育てた野菜を自分で売ってみたい」と農協を脱退し、仲間と健康野菜生産グループを立ち上げた。2014年、品質の良さが認められ、大手スーパーと共同出資で「セブンファーム銚子」を設立。環境循環型農業を目指し、規格外のキャベツは惣菜に再利用して販売している。「自分が良ければいいという時代じゃない。銚子の農業が進化するために、同業者と意見交換できる機会を設けていきたい」。

元気いっぱいの山口さんのキャベツ。肉厚でシャキシャキ、そして甘い

千葉県内8店のイトーヨーカ堂（山口さんのキャベツを購入できる場所）

姉崎店、松戸店、八柱店、幕張店、八千代店、四街道店、市原店、ザ・プライス五香店

魚のストレスまで知り尽くし、最高の状態の魚介類を全国へ

宮川 敏孝

「銚子の海は荒々しさがいい。しけの後はいい魚があがる」。宮川敏孝さんは明治時代から続く魚問屋の五代目。とにかく魚のことは種類から食べ方まで何でも詳しい。魚は天然にこだわり、鮮度は抜群。祖父の代から活魚も取り扱っていて、大きないけすが海の上に設置。「獲れたての魚はストレスがある。ベストな水温、水質の環境のなかで3〜5日泳がせておけば、最高の状態になる」と宮川さん。全国に銚子の魚を広めたいと週末は東京から地方まで催事で飛び回る。直営「一山いけす」で絶品の魚をぜひ。

ドーンと迫力の「伊勢海老天丼」。
1匹使ってこの価格はお値打ち

一山いけす　地図A-7

銚子市黒生町7387-5 ☎0479-22-7622 昼11:00〜15:30 夜16:30〜20:00（毎週木曜のみ15:30終了） ¥伊勢海老天丼¥1,930（税込） 休12/31を除き無休 西海鹿島駅から15分

天然の魚をベストな状態で提供
茶目っ気たっぷりな料理人

篠塚 浩一

海を臨む最高のロケーションにある、魚料理店、礁（いくり）。板前の篠塚浩一さんは実家が元魚屋だったが、銚子の魚のおいしさに気がついたのは東京に料理修業に出てから。今では銚子の海の恩恵に感謝しながら、市場に仕入れにいく毎日だ。「魚自体がうまいから、そのままで食べて欲しい」と旬の天然の魚を刺身や、煮付け、天ぷらなど、シンプルな調理法で提供している。特にこだわっているのが生マグロ。銚子であがるのはメバチマグロが中心で、脂がしつこくなくさっぱり。何を食べるか悩んだら篠塚さんに相談してみて。茶目っ気たっぷりに提案してくれるはずだ。

厳選された地元のマグロはぜひ食べて欲しい！「鉄火丼」¥1,800（税抜）

店の前は海というベストロケーション。漁船が往来するのも見える

さかな料理　礁　地図B-9
銚子市港町1635-1　☎0479-24-8211　🕓11:00～20:00　休火
¥鉄火二種丼¥1,800（税抜）　本銚子駅から15分

目にも止まらぬ早さで
華麗にうなぎをさばく川魚店主人

石毛 誠

利根川は高品質のうなぎの稚魚が遡上（そじょう）することでも知られる。石毛川魚店は石毛誠さんの代で四代目だ。利根川の稚魚を全国の養殖場に送り、各地から厳選したうなぎを仕入れている。時には九十九里の天然うなぎが入ることも。毎朝、目にも止まらぬ早さでうなぎを割いて開いていく。まさに職人技だ。稚魚から養殖され、1年以内に出荷されるうなぎは新仔（しんこ）と呼ばれ身が柔らかく、2年のものはしっかりした旨味がある。「うなぎの稚魚が例年より獲れはじめているので価格が下がるでしょう。私も一安心ですよ」とホッとした顔の石毛さん。うなぎ好きには朗報！

うなぎの肝焼は白焼き1枚に1本付いてくる

毎朝、こんがり焼かれるうなぎの白焼きは、ほどよく脂がのって絶品

石毛川魚店　地図A-8
銚子市松岸町1-55 ☎0479-22-0282 8:30～18:00 休火
¥うなぎ白焼き（中）¥1,200（税込） 松岸駅から10分

「伝えたいのは銚子の魚のすごさ」創作和食店の若店主

長谷川 正

旬の食材を使った、丁寧な料理が評判。「銚子はあがった魚がすぐに料理できる。恵まれています」と店主の長谷川正さん。底引き網の漁師に水揚げを18年間手伝わせてもらった経験が、魚をより知るきっかけに。肉厚の平目を使った料理が一押しメニュー。「銚子の食材を活かし、飲食店が協力して町を盛り上げていかなければ」と語る眼差しは真剣だ。

上：「ざぶとんひらめの唐揚げ」小 ¥940（税抜）～
左：「ひらめ棒寿司」12貫 ¥1,500（税抜）

創彩美食　和（かず）　地図B-⑩
銚子市若宮町8-13　☎0479-25-8606　🕒11:30～14:00、17:00～21:00　㊡月　¥ランチ¥730（税込）～　👣銚子駅から5分

〝ほうぼう〟のおいしさを世に広めるベテラン料理人

鈴木 政人

開店して30年の、地元に愛されている料理屋。白身魚のほうぼうのおいしさに目をつけ、縁起のいい「方宝」というブランド名をつけて看板メニューに。「刺身、焼き魚、煮魚、揚げ魚、干物、釜飯などなんでも合うんです」とご主人の鈴木政人さん。方宝押し寿司は薄いピンクの皮目が美しく、鮮度がよくないとこの色は出ない。食べると運気があがるとか!?

上：「方宝すし」¥1,290（税込）
左：「釜めし定食」¥1,350（税込）

旬の味 方宝 たつみ　地図A-⑨
銚子市宮原町473　☎0479-33-3198
🕒11:00～14:30（日・祝～15:00）、17:00～21:00　㊡月（祝月営業・火休）
¥特選方宝づくし ¥3,500（税込）　👣下総豊里駅から20分

銚子にきたら食ってけや！

おススメ金目鯛料理のお店

銚子の観光客に食べてもらいたい銚子のお魚はなに？と銚子人に聞くと「銚子つり金目鯛！」とみなさん口をそろえていいます。一年中いつ食べても絶品の銚子つり金目鯛を、とっても美味しく食べられるお店を銚子人100人にアンケートを取りました！ 悪いけど、ホントに美味しいから覚悟してくださいよ。

金目鯛の煮つけ 大海

大将の人柄と心意気が感じられるとっても優しい味です。ホクホクとした金目の煮つけを是非楽しんでくださいね。

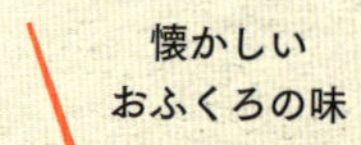

懐かしい
おふくろの味

境昭二さん

地図B-⑪
銚子市飯沼町8-7
☎0479-24-8642
🕓17:00～24:00（LO23:30）
休木 ¥¥1,500～2,000（税抜）
観音駅から5分

金目漬け丼 久六

大将が気にいった魚じゃないと出さないという徹底ぶり。そのこだわりの味を是非食べてみてください。

いつも
変わらない味

山口太士さん

地図B-⑫
銚子市新生町1-36-49
☎0479-22-1038
🕓11:30～17:00 休火
¥¥2,800（税込）
観音駅から10分

金目なめろう　海ぼうず

だまって
食ってけや！

名洗直志さん

地図B-⑬
銚子市新生町1-36-11
☎0479-25-3339
🕓月〜金 11:30〜14:00、17:00〜21:00、土・日・祝 11:30〜21:00 ㊡月・火
¥ ¥1,800（税込）
観音駅から10分

秘伝のみそ、ネギ、大葉の味付けが絶品。なめろうの常識を変えてしまうような一品です。醤(ひしお)と一緒に食べると最高！

金目炙り寿司　治ろうや

まじめなおいしさ。
真心こめて
にぎります。

鈴木宏昌さん

（P.77）地図C-⑥
¥ 2貫 ¥750（税込）

炙った直後の炙りの香りと、秘伝の漬けたれとのコラボレーションが最高！

金目シャブシャブ　一山いけす

秘伝の昆布と鰹の
ダシと、新鮮な金目の
最高の相性を是非
お楽しみください。

宮川路枝さん　飯笹陽子さん

（P.36）地図A-⑦
¥ 2〜3人前 ¥4,500
（税抜・要予約）

秘伝のダシに、金目鯛の頭、骨のダシがたっぷりと溶け出し、金目鯛のこんなに美味しい食べ方があるんだ！と感激します。

金目鯛の水揚げ状況によって、魚自体の価格が大きく変動するため、表示価格と異なる場合があります。

銚子のソウルフード「ワンタンめん」を守る孤高のラーメン店主人

砂村 七海

「大塚支店のワンタンめんは銚子のソウルフード」という、銚子人だったら知らない人はいないラーメン屋さん。昭和初期創業の店構えはどこか懐かしい雰囲気だ。三代目のご主人、砂村七海さんが、毎日手打ちするという麺がひやむぎのように細いのがこの店の特徴。スープはあっさり醤油味、ワンタンの皮も手作りでプリプリと弾力があり、具がぎっしり詰まって食べ応えたっぷりだ。子供の拳ほどある、大きなシュウマイもファンが多く、お土産にして、と注文する人もいるほどだ。「ずっと昔のまま。変えて欲しくないという常連客が多いんです」。お孫さんからおじいちゃんまで、家族三代が訪れることも多く、「子供の成長を見るのが楽しいね」とご主人はやさしい笑顔でいう。店の仕込みを1人で行っているため、休みがほとんど取れないが、連休が取れたらどこかに旅行に行きたいと話す。「春に行った京都は楽しかったねぇ」。いつまでもお元気で、銚子のソウルフードを提供し続けて欲しい。

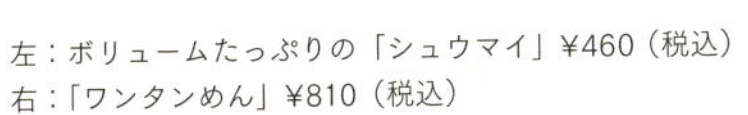

左：ボリュームたっぷりの「シュウマイ」¥460（税込）
右：「ワンタンめん」¥810（税込）

味の店　大塚支店　地図B-⑭
銚子市双葉町4-18　☎0479-22-0817　11:00～15:00　休 月　¥ ラーメン ¥580（税込）
銚子駅から10分

大好きな銚子を盛り上げたい！
大漁節を踊る名物ガイド
坂野せい

華やかな“萬祝着（まいわいぎ）”を羽織って登場した、「観光船頭会」のボランティアスタッフ、坂野せいさん。大手デパートの婦人服売り場で販売員をしていた経験を持ち、小さい頃から日本全国の地理が好きだったということもあって、2004年にガイドを志願した。「来てくれた人たちに喜んでもらえるのが何よりもうれしいよね」。銚子市内のイベントに参加し、萬祝着を観光客に着せてあげたり、銚子電鉄に乗り込んで車掌帽をかぶせてあげたり、喜んでもらうために常に銚子アイテムを常備している。外川駅までご一緒したお客さんには“大サービス”で大漁節を披露する。大好きな銚子を元気にするためにまだまだガイドはやめられない、と力強く話す。町の活性化のために何をしたらいいですか？　の問いに、「銚子は大漁節のふるさとだから、大漁節の全国大会をしたらおもしろいんじゃない？　全国から民謡ファンが集まれって！　太鼓叩いて、チャンチャカ賑やかでいいよね」。まずは、坂野さんのパワフルな大漁節をご覧あれ。

上：坂野さんの私物である、銚子電鉄の車掌帽。大切な観光ガイドのアイテムだ
左：銚子電鉄に関して書かれた古い本。坂野さんのコレクションから

銚子ボランティアガイド 観光船頭会　地図B-⑮
銚子市西芝町1 JR銚子駅構内 ☎0479-22-1544（銚子市観光協会駅前窓口）
お客様に合わせて営業（1週間以上前に予約） 休 不定休 ¥ 無料 銚子駅すぐ

イルカの群れと出会う感動を多くの人に届けたい！

宮内幸雄

銚子の海でイルカが見られるのはご存知だろうか？確認されているだけでも23種類、時期と種類によって推定2000～5000頭がウォッチングで確認できるという。餌となるイワシや小サバが潤沢にいるためだ。イルカ・クジラウォッチングツアーを主催する、銚子海洋研究所の宮内幸雄さんは、そんなイルカに魅せられた1人。26年前、水族館のイルカの飼育員だった宮内さんが、漁師に誘われて船に乗ったところ、800頭もの野生のイルカの群れに遭遇した。「いやぁ、ショックだった。180度人生が変わった。自由に飛び回るイルカたちを見て、イルカを調教している自分をなんておこがましいんだって恥じた」。その時の感動を伝えたくて、水族館でイルカウォッチングツアーを企画した後、1998年に独立。2002年には資金を借り入れて専用の船を建造した。「銚子は一年を通してイルカに会える。クジラやシャチ、オットセイも見ることができる。そんなところ、日本中探してもない」。イルカを“同志”と呼ぶ宮内さんと、イルカたちに会いに行きたい！

スタッフが海賊の格好をして案内してくれることも！

高い確率でイルカが泳ぐ姿を見ることができる

銚子海洋研究所　地図C-❸
銚子市外川町2-11077-9　☎0479-24-8870　🕓8:00～19:00　㊡不定休
¥沿岸イルカウォッチング 1時間30分 大人¥3,500（税込）（要予約）　外川駅から5分

The encounter with dolphins Contact etiquette of journey to enjoy

イルカとの出会いを楽しむ旅のお作法

日本で一番多くの種類の野生のイルカと出会える銚子。
彼らとの出会いを楽しむための心得を伝授します。

気軽に船長に話しかけてはいけません。

普段陽気な船長ですが、
海上では真剣そのもの。
船に乗ると人が変わります。

スナメリだって可愛いんです。

※スナメリばかりと気づいても
がっかりしてはいけません。

※小型のイルカ。出現頻度はイルカよりも高い?!

てるてる坊主をつくろう。

天気が悪いと出航できない事も
あるので、熱い思いを込めて!

イルカに会えなくても、怒ってはいけません。

彼らも生き物です。
船からはイルカ以外にも、地層、カモメ、
トビウオなど見えるものが沢山あります。
海から銚子を見てみましょう!

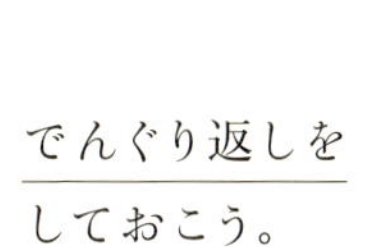

前日は夜更かししてはいけません。

イルカに会いに行く旅は
結構長旅で朝も早かったりするので、
よく休んでおきましょう!

でんぐり返しをしておこう。

でんぐり返しには
三半規管をならす効果があり、
船酔い防止に効果が
あるそうです。

盛り上がったときのために、プロポーズの準備をしておきましょう。

野生のイルカに感動し
プロポーズしたカップルが
いたそうです。

イルカを見たら、地元の人に自慢しよう。

地元の人はイルカウォッチングに
行かない人が多いので、
意外と知らなかったりします。

イルカにエサを与えてはいけません。

自然の中で生きている
野生の生き物です。

銚子の大地の成り立ちと人々との関わりを地質から伝える

銚子ジオパーク推進市民の会

銚子は海岸線が長く、約1億5000万年前からの銚子誕生の記録が地層を通して観察できる。ジオ（地質）パークとは自然を守り、教育やジオツーリズムを通して、持続的に地域を盛りあげていくことを目指す取組みだ。「銚子ジオパーク推進市民の会」は2011年2月に発足。会員の中にはジオガイドがいて、観光客や市民にジオの視点から銚子の見所を案内している。ガイドは地質の専門家による基礎講座とマスター講座を受ける必要があり、「ジオ講座を修了し、ガイドとして活躍し生きがいを感じてくださっている方が多い」と会長の工藤忠男さん。主な見所の犬吠埼や屏風ケ浦、犬岩では、毎月1カ所ずつ現地見学会と清掃ボランティア活動が行われている。ボランティアに参加したら、ガイドの皆さんからジオ裏話が聞けるかも？

銚子ジオパーク推進市民の会
http://choshi-geopark.com（ガイド希望者はinfo@choshi-geopark.comまで）

銚子時間旅行

自転車で巡る恐竜の時代から現代までの旅

レンタサイクル銚子事務所
（JR銚子駅構内）
9:00～17:00
1日1,500円

銚子には地質学的にも貴重な天然記念物をはじめ、多くの文化人が滞在し詩を詠むなど、文化的・歴史的な遺産が町の中に数多く残されています。ここで紹介するスポットは、1日あれば自転車で巡れます。その時代に想いを馳せながら、しばしタイムスリップの旅、なんていかがでしょう？

約16分

SPOT 1 夫婦ケ鼻層（銚子ポートタワー下）

1,650万年前に堆積した地層。ほぼ泥岩からなる地層で、かつては多くの場所で見られましたが、開発によりほとんどが姿を消し、現在はポートタワー下でのみ観察することができます。

約5分

SPOT 2 日本列島形成の歴史を語る 古銅輝石安山岩（こどうきせきあんざんがん）（黒生漁港付近）

どろどろのマグマが地上付近に噴出してできた板状の規則的な割れ目。その様態から、日本列島がどのように形成されたのかを伺い知れる、貴重な資料です。黒生漁港から堤防にそって沖合に進むと観察できます。

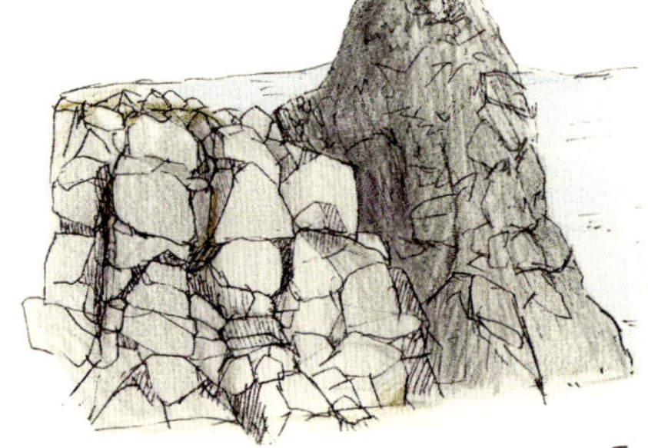

約6分

一山いけす（p.36）でお昼ご飯。お店の近くには、特異な形状から「トンビ岩」と呼ばれ親しまれる海鹿島礫岩（1億3000万年前～）からなる岩も。

SPOT 3

約5分

（⑤へ）約5分

SPOT 4 想い人への詩が残る 君ケ浜

詩人・竹久夢二が、
結ばれることのなかった
想い人への気持ちをつづった詩
「宵待草」の舞台となった場所です。

待てど暮らせど来ぬ人を
宵待草のやるせなさ
今宵は月も出ぬさうな…

SPOT

5 古代から届いた宝石箱 犬吠埼の白亜紀浅海堆積物

（犬吠埼灯台下の海岸）

中生代白亜紀の地層。アンモナイトの化石からミミズのような生物がはい回った痕までリアルに残っています。かつては植物の化石「琥珀」も、燃料がわりにするほどたくさん採れたんだそうです。

約7分

SPOT

6 外川千軒大繁盛？ 栄枯盛衰を物語る 外川の町並み

（外川駅）

1658年から始まった外川港の築造と碁盤目状の町並みづくりにより、戸数は一時期1,000軒を超えるまでに。イワシの不漁により外川漁港はさびれてしまいましたが、駅から海へ伸びる石畳の緩い斜面と独特の、整然と区画されて残る町並みは、独特の観光スポットになっています。

約5分

SPOT

7 今なお 待ち続ける 忠犬 犬岩

（犬岩海岸）

ふたつの耳が特徴の犬のような犬岩。その昔、源義経が奥州へ落ち延びる際、愛犬・若丸をこの場所にやむなく置き去りに。海岸に残された若丸が、7日7晩主君を慕い泣き続け、そして8日目に岩となったのがこの岩だそう。

約6分

SPOT

8 絶えず変化する崖 屏風ケ浦

（銚子マリーナ海水浴場）

およそ10kmに渡り、屏風のように続く景勝地。地層が削られるのを防ぐため消波堤がつくられましたが、今度は植物が生え始め、美しい地層が見えなくなる恐れが。自然は絶えず変化することを知らされる、重要な場所です。銚子マリーナ海水浴場から見るのがオススメ。

銚子駅まで
約20分

世界の人たちをハッピーにする
国内で唯一の手作り風船の工場

伊藤 房男・陽子

ここは国内で唯一の、全工程手作りの風船工場。工場にはガラスの型がいくつも並び、その型を液体状にしたゴムに浸して乾かせば、風船のできあがりだ。天然ゴムを使っており、飛んでいった風船が落ちても自然に還る。40年以上も風船づくりに関わってきた伊藤房男さんは、「できない」と言わないのがモットーで、ロンドンのアートスクールの生徒からの「3つ空気穴のある風船を作ってほしい」というリクエストにも応える。テレビの企画で10メートル級の怪獣バルーンを作ったこともある。イベントに呼ばれればピエロに扮して風船で何でも形にし、まるで魔法使いのようだ。最近、障害がある人たちでも参加できる、「ふうせんバレーボール大会」の公式ボールを手がけることになった。「みんな一生懸命、風船を追いかけていたわねー」と奥さんの陽子さん。自分たちが作った風船が、多くの人たちを笑顔にするのが何よりもうれしいと話す。風船づくり体験を口実に、こんな素敵な夫妻に会いに出かけたい。

左：ガラスの型を液体状になった天然ゴムにつけて乾かし、風船を作る。中：うさぎのカタチの型。
右：ロンドンのアートスクールの生徒が卒業制作で作った、3つ空気穴のある風船

伊藤ゴム風船工業所　地図A-⑩
銚子市君ケ浜8741　☎0479-23-2457　🕓8:00～17:00　休土・日
¥風船作り体験（約60ヶ）¥800（税込、要予約）　君ケ浜駅から10分

ファミリーで力を合わせ とれたて魚で絶品干物を！

阿天坊 俊明・美知子・優貴

銚子の駅前の「ひもの工房あてんぼう」。金目鯛やアジ、サンマ、イワシ、サバの干物など、銚子でとれる魚の加工品がずらりと並ぶ。社長の阿天坊俊明さんは「とれたての魚を遠赤外線で干すと、プリッとしたジューシーな身の干物ができる。食べたらその違いはわかります」と自信たっぷりだ。奥さんの美知子さんは経理を、次女の優貴さんはお店で販売を担当とファミリー経営。俊明さんは銚子商業高校の野球部時代、甲子園で準優勝まで進んだという伝説の持ち主。後援会会長でもあり、母校で指導している。「野球のこととなると未だに真剣になります」。

金目鯛、アジ、サンマの干物など、銚子駅前のショップで購入可

銚子の海のそばにある工場で、とれたての魚を加工するのがおいしさの秘密

ひもの工房 あてんぼう 銚子駅前店　地図B-16
銚子市西芝町14-16　☎0479-22-2123　8:30～17:30　休 無休（1/1～1/4休み）
¥ アジ開き5枚¥2,160（税込）、サンマ開き5枚¥2,160（税込）　銚子駅すぐ

Paradise of cats
猫の町・外川
銚子駅から銚電に揺られて20分。銚子の中でもさらにとっぱずれ（一番外れ）の外川町。
海に向かって伸びる、碁盤の目のような細い坂道を下っていくと、愛らしい外川猫たちがお出迎え。
モデル慣れしているせいか、カメラを向けてものんびりあくび。
漁師町のアイドルにそっとカメラを向けてみて。
うまい魚
持ってきてほしいにゃ
飼い猫も
野良猫も
一緒にごろごろ
のび～
屏風ケ浦まで
歩いて20分！
にゃは～ん
にゃは～ん
外川港では
クロダイ
アナゴ
たくさん魚が
釣れるんだにゃ
孫寿
にゃは～ん
イケメンで
とおってるんだにゃ
お魚、降ってこないかにゃ
のんびりしてくんだにゃ
にゃは～ん

開運の神様が宿る猿田神社を お守りする美声の宮司

猿田 正城

上：木々に囲まれた境内は神聖な空気が流れる。下：絵馬やお守り。

猿田彦大神は開運の神様、邇邇芸命（ににぎのみこと）を案内した神。そんな神様が祀ってある猿田神社は七五三の時には行列ができるほど大にぎわいとなる。宮司の猿田（さるた）正城（まさしろ）さんは元国語の高校教師で、感じたことを文字にしたため、社務所で閲覧できるようにしている。「ある人は、『道ばたに捨てられた大根でさえ、葉を天に向けて広げている』という言葉を心の支えにしているとおっしゃっておりましたね」。神社に来てよかったと思っていただきたい、と猿田宮司。昭和10年生まれには見えないほど若々しいが、その秘訣はコーラスグループで歌っているから、だそう。

猿田神社　地図A-⓫
銚子市猿田町1677　☎0479-33-0362　🕓8:00～15:00　休 平日の仏滅　¥ お守り¥500
猿田駅から5分

陶歴45周年の作品も好評
常に挑戦し続ける呉服屋店主

田中 雨耕（本名：功一）

明治8年創業「田中屋呉服店」の四代目、田中功一さんは「雨耕」の雅号を持つ陶芸家でもある。28歳でロクロをまわし始め、「着物が身近だったから唐草模様などすぐ描けた。器にもその経験が生かされている」と話す。オリジナリティを大切にしたいと、20面体の壺や骨壺シリーズなどユニークな作品を製作。2014年7月には自身の集大成といえる個展を開催した。「何もない空間に造形を作り出すことが陶芸の魅力。奥行きが深いからこそ常に新しいチャレンジが目の前にある」。店内に常設展示場があり、400点以上の作品が展示、即売されている。

田中さんの作品の一部。
急須 ¥4,500、湯飲み ¥2,300、
20 面体壺 ¥18,000（全て税込）

田中屋呉服店　地図B-17
銚子市新地町3-2　☎0479-22-0529　10:00〜18:00　休 水、木　観音駅から5分

港町・外川の漁業の今と昔を語り伝える名物女館長

島田 泰枝

外川駅そばにあるミニ郷土資料館。館長を務めるのが活魚問屋の〆印島長水産の大女将、島田泰枝さんだ。生前、夫の俊雄さんの「商売できるのは町のおかげ。恩返ししたい」という言葉をうけ、郷土史研究家などの協力を得て、2007年に資料館を開館。「萬祝の反物や昔の漁具、外川の歴史的資料、昔の写真など、いろんな方が持ち込んでくださって」。それまで歴史なんてまったく興味がなかったのに、調べれば調べるほど面白くなった。今では「外川を知りたかったらミニ郷土資料館に行け」といわれるまでに。知られざる外川の魅力が発見できると評判だ。

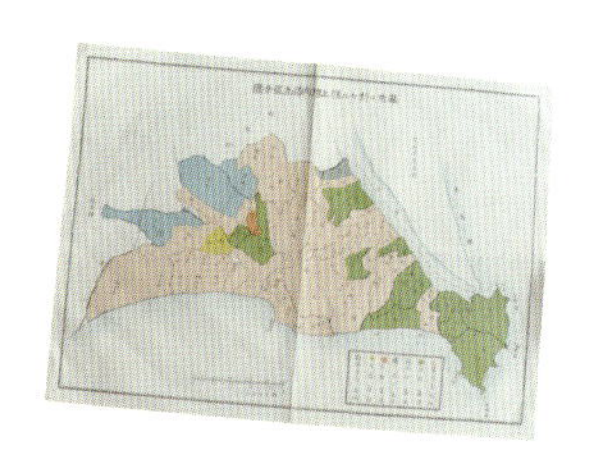

上：外川地区の古い地図。
下：小さくてアットホームな郷土資料館

外川ミニ郷土資料館　地図C-4
銚子市外川町2-10610　☎0479-22-0575（〆印島長水産）　10:30～15:30　休火・水
¥入館料無料　外川駅すぐ

江戸時代に人気の伝統織物 銚子ちぢみの継承者

常世田 眞壱郎

漁業網の綿糸の余りを使い、漁師のおかみさんたちの手で織られたのが銚子ちぢみだ。着物にすると涼しく、江戸時代から明治にかけて人気を得たが、大正末期には姿を消した。そんな銚子ちぢみを常世田（とこよだ）眞壱郎さんの祖父が再興。銚子ちぢみ伝統工芸館に展示されている織物の数々はまさに芸術品だ。藍で染めた美しい模様は気品を感じさせる。館長で三代目の眞壱郎さんは「小物などから銚子ちぢみに親しんでもらいたい」と銚子ちぢみを使って日傘や財布、ポーチなどをデザイン。ちぢみの白ハンカチを使って、藍染をするワークショップも好評だ。

美しい銚子ちぢみの生地を使った、財布と日傘（参考商品）。

銚子ちぢみ伝統工芸館　地図A-⑫
銚子市松岸町3-228　☎0479-22-2103　🕘9:00～17:00　休 不定休　👣松岸駅から5分

醤油を染み込ませた、しっとりとした
ぬれ煎餅発祥の煎餅店主人

横山俊二

銚子名物の一つである“ぬれ煎餅”。醤油を染み込ませた、しっとりしたせんべいだが、その発祥がこの柏屋だ。「ぬれせんは、父の代のときに煎餅を作る過程で偶然生まれた産物。昭和35年（1960年）ごろ、おまけとして配っていたものが、口コミで広がったのが商品化のきっかけです」と三代目の横山俊二さん。千葉県産のコシヒカリと、銚子産の特選醤油を独自に寝かせたものが原材料。週に5回、朝は7、8時頃から正午過ぎぐらいまで煎餅を焼く。備長炭の焼ける熱い炉を前に、一枚一枚ひっくり返し、醤油にジュッと浸した後、表面を乾かす。一分に一枚焼き上がる計算だ。タイミングがちょっとでも狂うと焦げてしまうので、まさに真剣勝負。作業中に店を訪れた人はラッキー！ 焼きたての煎餅を自分で醤油壷に浸していただくことができ（1回8枚 ¥1,000）、これが格別なのだ。ご主人の趣味はアコースティックギターと座禅。いつか、横山さんのギターを聴きながら、ぬれせんを食べてみたい。

左：住宅地のなかにあるため、外が暗くなったら閉店
右：元祖「ぬれせん」10枚 ¥1,000（税抜）。

柏屋米菓手焼本舗　地図B-18
銚子市港町1758　☎0479-22-0480　9:00～18:00（日没まで）　休 不定休
本銚子駅から10分　web 商品は http://www.choshikanko.com/extra/kashiwaya/ でも購入可

ぬれ煎餅のアイスクリーム!?
高校生のアイデアで町を元気に

銚子商業高校の皆さん

ぬれ煎餅を細かくしアイスミルクに混ぜた「ぬれ煎餅アイス」。銚子商業高校の地域の活性化を考える課題研究の授業で生まれた商品だ。2014年度は新たに名産のキャベツを使用した「キャベツメロンパン」を開発し人気商品となった。銚子電鉄の応援にも取り組み、クラウドファンディングで全国から車両修理代として多くの支援を受けた。「多数の支援をいただき本当にありがたい。もっと銚子が元気になるように貢献したい」とリーダーの和泉大介さん（上中央）。銚子が大好きだから、町のために何かしたいと声を揃える彼ら。銚子の未来を支える期待の星だ。

ぬれ煎餅の塩味が効いている
「銚子電鉄 ぬれ煎餅アイス」¥200（税込）

連日完売！大人気商品
「キャベツメロンパン」¥180（税込）

銚商夢市場（ウオッセ21内） 地図A-6
銚子市川口町2-6529-34 ウオッセ21内 ☎0479-25-4500 🕘9:00～16:00（土日祝のみ営業）
※商品に関するお問い合わせは、銚子商業高等学校（0479-22-5678）まで

醤(ひしお)と防災について熱く語る 銚子の物知り博士

室井 房治

「醤」専門店である、1630年創業の山十商店。醤とは大豆と大麦の麹を熟成させてできる発酵調味料。醤油のうま味が凝縮された深い味わいは、マグロやカツオの刺身や生野菜につけて食べるとまた格別だ。市内では醤を使った料理を食べられる店もある。「醤は『万葉集』にも登場する。醤油の原点という説もあります」と店主の室井房治さん。銚子の歴史に造詣が深く、研究熱心で、まさに生き字引。千葉科学大学危機管理学部の非常勤講師でもあり、防災に関わる指導を行っている。「醤も災害も自然から生まれる。災いも享受して初めて自然と共存できるのです」。

万葉の昔からあるという発酵調味料「ひ志お セイロ入り」。使いやすい小分けタイプ 250g ¥950（税込）

山十商店　地図B-⑲
銚子市中央町18-3 ☎0479-22-0403 🕓10:00～18:00 休水（午前）・日
¥源醤 ¥1,100（税込） 銚子駅から10分 web 商品はhttp://www.hishio.co.jp/でも購入可

SOY SAUCE BATTING LINEUP

黒潮醤油打線

篠塚和典や宇野勝などのプロ野球選手を輩出した、高校野球の名門の地・銚子。猛打で知られる「黒潮打線」を支えた、銚子のおいしい醤油料理の数々。そんな“名”醤油プレイヤーたちを一挙にご紹介しちゃいます。

足がはやい

1番ライト
イワシの刺身

銚子は全国有数のイワシの漁獲量を誇っています。イワシの刺身の甘みを引き立てるのは、やっぱり醤油にしかできない妙技です。

銚子市内各店舗

小技の効いた

2番セカンド
海草のサラダ

まるでこんにゃくのような形の海草。コリッとした食感が持ち味です。切って薬味をのせ、もちろん醤油をたらして頂きます。

地図B-㉙銚子セレクト市場（p.92）で購入可

影の大黒柱

3番サード
のげ海苔汁

栄養豊富なのげ海苔が、銚子人の健康と長寿のヒケツ。まるごと頂きたいから、身体にしみこむ醤油のスープで味わうのがベスト。

地図B-㉙銚子セレクト市場（p.92）で購入可

狙うはホームラン

4番エース
金目の煮付け

キュッと締まった身体とトロのような味わいで食通をうならせる釣り金目。醤油のタレをたっぷりからませた煮付けは、ご飯がとまらない！

地図B-⑪大海（p.40）

ランナー帰しの

5番ファースト
しょうゆソフトクリーム

醤油の深いコクの中に、ほのかな甘さ、それでいて後味はサッパリで、お口の中を“クリーンアップ”。ヤマサのソフトクリームは底の方までクリームたっぷり！

ヤマサしょうゆ工場見学センター　地図B-⑳
銚子市北小川町2570　☎0479-22-9809
¥しょうゆソフトクリーム¥250（税込）
仲ノ町駅から5分

チャンスメーカー

6番レフト
かつおはらす佃煮

1尾のカツオからわずかしか取れない珍味・カツオのはらすを、自家製天然醤油をたっぷり使って甘口に仕上げた佃煮。誰もが笑顔になる味です。

今津徳兵衛商店　地図B-㉑　銚子市竹町1513
☎0479-22-0701　¥かつおはらす佃煮80g¥648（税込）
本銚子駅から10分

5 6 7 8 9

意外性の

7番ショート
琥珀飴

ほのかな醤油の香りが後をひく一品。上品な甘さと塩味の絶妙なバランスに、意外な醤油の才能を感じさせる…？

地図B-㉙銚子セレクト市場（p.92）で購入可

安定感は抜群

8番キャッチャー
醤油ラーメン

フレンチシェフがつくるローストポークのような柔らかチャーシューと特製スープが絡んだ細麺は満足度抜群！　鶏と香味野菜、そして醤油がおりなすハーモニーは奇跡的。

ビストロ・茶葉蘭　地図B-㉒　銚子市末広町8-15
☎0479-25-3714　¥ラーメン（しょうゆ）¥864（税込）
仲ノ町駅より5分

一巡つなぎの

9番センター
イワシの銚子漬け

1日をぐるっと一巡り、24時間特製醤油調味料に浸してつくられます。じっくり熟成されることで、いらない水分がぬけてぎゅっとつまった魚の旨味がたまらない！

キッチンライフ銚子東洋　地図A-⑥
銚子市川口町2-6529-34（ウオッセ21内）☎0479-22-9061
¥いわし銚子漬け¥370（税別）笠上黒生駅から20分

銚子の風景をつくりだす鉄の達人

岩井新治

岩井興産株式会社は橋専門の鉄工会社だ。全国の高速道路、鉄道橋、横断歩道橋など、あらゆる橋の部品を製造している。2011年に開通した新銚子大橋（右）の一部分も手がけた。「製図を見ているので、橋のどの部分が自社の部品かはわかりますね。建物の部品なども製造していますが、橋は目に見える分、完成した時の感動はひとしおです」と社長の岩井新治さん（下中央）。従業員は30数名。常日頃、何十トンもの鉄の塊を扱うので、常に細心の注意を払うことがなによりも重要と話す。「たとえば大きな鉄材を吊っている下には絶対に立ち入らないとか。鉄材が倒れる可能性がある方向に立たないというのが原則です」。タフな仕事ぶりからは想像つかないが、大のメロンが好き。「アムスメロンが一番甘いですね。今日も冷蔵庫に冷えたメロンが入っているので帰るのが楽しみです（笑）」。

岩井興産株式会社　地図A-13
銚子市小浜町2663-2　☎0479-23-8011　8:00～17:00　休 日（ただし、季節による）
銚子駅から15分　※希望者は見学可（無料・申込はiwaikk@helen.ocn.ne.jpまで）

銚子電鉄への愛ゆえに
知名度UPに奮闘する鉄道員

鈴木 一成

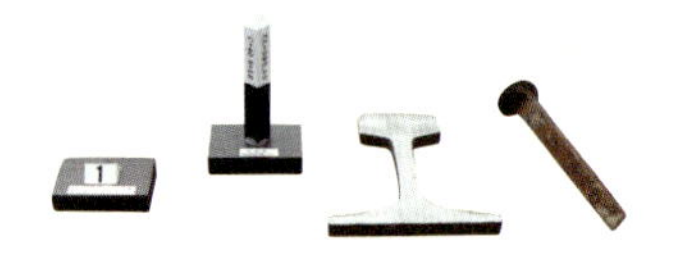

幼稚園の頃から夢は電車の運転士だった鈴木一成さん。出身は山形県。「銚電では昭和初期頃の車両が使われていて、レトロな感じにグッときたんです」。専門学校生時代に本社に出向き直談判。何度も足を運び、その熱意から試験を受ける機会を得、入社を許可されることに。会社が生産・販売するぬれ煎餅の配達から始まり、免許も取得して、念願の運転士にもなった。現在は総務課に身を置きながら、運転、宿直、撮影立ち会い、企画などなんでもこなす。鈴木さんを突き動かすのは銚電への深い愛。全国の人たちに訪れて欲しいと新たな企画を考える毎日だ。

レトロな雰囲気が魅力の銚子電鉄。銚子駅と外川駅間を行き来する

銚子電気鉄道株式会社　地図B-㉓
銚子市新生町2-297　銚子電鉄「仲ノ町」駅隣接　☎0479-22-0316　🕓8:30〜17:00　休土・日・祝

型からはみ出す大きなたい焼きを愛情こめて焼き続ける

観音駅のたい焼き店のお姉さんたち

童謡「およげ！たいやきくん」がヒットした1976年にオープンした、観音駅のたい焼き店。型からはみでるほど大きくて餡もギッシリ。大量に買っていく県外の人も多い。小倉あんとクリームは定番、チョコレート、抹茶、焼き芋あんなどは不定期で登場する。「最近のヒット商品は“金目焼”という名のお好み焼き味バージョンだね」と大木マユミさん（左）。この道（?!）7年のベテランだ。地元のお客さんも多く、「常連客のなかには“ただいま！”って買いにくる人もいますよ」。駅を出なくても買え、電車で配達できるため他駅から注文も可。必食！

あんこがぎっしり詰まった「たい焼」¥130（税込）。地元ファンも多い

銚子電鉄の観音駅の構内にある。多い時では1日で800個以上も売れるとか

銚子電鉄「観音」駅　地図B-24
銚子市前宿町36-1　銚子電鉄「観音」駅構内　☎0479-24-3216（観音駅）
🕓9:40～17:00　休 無休

Cho-den Waku-Waku Travel

銚電職員が案内する途中下車の旅

昭和の趣を残すローカル鉄道・銚子電鉄は、多くの鉄道ファンに愛されています。
1日乗り降り自由の乗車券もあるから、ゆっくり各駅停車の旅なんていかが？

添乗員の神山里穂さん

銚子
CHOSHI

始発駅だけど無人！　銚子駅

JR銚子駅ホームの隅っこに
ちょこんとあります。
一日券は車内で車掌さんから
購入しよう！

約2分

企画係長の奥英明さん

グイ

こうやって方向転換します。

仲ノ町
NAKANOCHO

さながら電車博物館!?　仲ノ町駅

古き良き時代に活躍した昔の車両がまるで
電車博物館のように間近で見られます。

約4分

駅長の芦崎純子さん

約2分

観音
KANNON

約2分

本銚子
MOTOCHOSHI

たい焼き屋の大木マユミさん

洋館の中で食べる「たい焼」、観音駅

西洋の洋館風の大屋根を有する駅舎。
構内ではたい焼き屋さんが大人気営業中です。

シャッターチャンス！　本銚子駅

駅周辺が緑に囲まれており、
トコトコ走るレトロな列車と
相まって不思議な空気感。

駅長の新井敏明さん

笠上黒生 KASAGAMI KUROHAE

鉄道ファン垂涎の笠上黒生駅

単線箇所での上りと下りの
電車の衝突を避けるため、
ここで一度まちあわせ。
お互いのタブレット（通票）を
交換し、安全確認をしてから
再出発！（6:11～8:20の間のみ）

約2分

西海鹿島 NISHIASHIKA JIMA

キャベツ畑の向こう側 西海鹿島駅

銚子の特産であるキャベツ畑を
抜けると現れるのがこの駅。銚子
ならではの田園風景を楽しんで。

関東地方最東端、海鹿島駅

関東地方で最も東にある駅。駅舎脇に
記念碑が立っているのでぜひ記念撮影を。

約1分

海鹿島 ASHIKAJIMA

約2分

駅長の黒川昌雄さん

猫駅長が待つ、君ケ浜駅

住みこみで働いている通称
“きみちゃん”。駅前にある
ヒゲタ醤油のベンチの上で
お出迎えしてくれます。

君ケ浜 KIMIGAHAMA

約3分

川崎奈津紀さん

犬吠 INUBOU

売店の新井年子さん

香ばしい匂いが香る犬吠駅

銚電の危機を救った
伝説の煎餅。駅構内で、
焼きたてを食べることも
できます。手焼き体験
（要予約）もおすすめ。

約2分

外川 TOKAWA

タイムスリップ？　外川駅

大正12年に建築された風情のある
木造駅舎。ロケ地として登場する
こともある、ロマンたっぷりの駅です。

ユニークな豆腐デザートを次々と生み出す

榊原 清歳

「豆乳プリン大納言」¥250（税込）

蔵仕立ての建物。壁には“フ”の字が10個――「トウフ」、つまりここは豆腐屋なのだ。なんてお洒落！「ある有名デザイナーの方とご縁があってデザインしてもらいました」と榊原豆腐店の四代目、榊原清歳さん。アイデアマンで、豆腐デザートを次々とリリース。大ヒット作は「豆乳プリン大納言」。豆乳パックにプリンと小豆が入っていて、別添えの黒ミツときな粉をかけて食べる。これが豆乳100%のやさしい甘さで美味！　豆乳ジェラートは銚電の電車がカップに描かれているコラボ商品。「アイデアはまだまだあります」と榊原さん。新商品も楽しみ！

資生堂パーラーなどのロゴで知られる、仲條正義さんのデザイン

榊原豆腐店　地図C-5
銚子市外川町2-10927 ☎0479-22-9557 8:30～19:00 休日 ¥豆乳プリン¥180（税込）
外川駅すぐ web 商品はhttp://www.1028sakakibara.com/でも購入可

地の魚のにぎりと伊達巻き 常に最高を目指したい

鈴木 宏昌

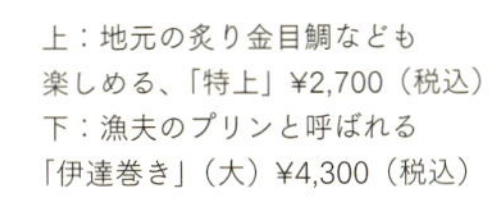

父親の代まで家業はイワシ漁の網元だったという、治ろうや鮨処の大将、鈴木宏昌さん。父が寿司屋を始め、二代目を継ぐことに。自慢は金目鯛の炙り寿司と伊達巻きだ。金目はヅケにして炙ることで旨味が増し、口に入れるとジュワーっと香りのよい脂が広がる。銚子の伊達巻きは一般的な伊達巻きと工程が異なり、専用の窯で1時間かけて焼き上げ、仕上がりはまるでプリンのようにプルプルだ。「伊達巻きもにぎりも、親父の代からさらに進化させているね。同じじゃ芸がないから。常に最高を目指したい」。進化し続ける寿司を食べに訪れたい。

上：地元の炙り金目鯛なども楽しめる、「特上」¥2,700（税込）
下：漁夫のプリンと呼ばれる「伊達巻き」（大）¥4,300（税込）

治ろうや鮨処　地図C-6
銚子市外川町2-10608-4　☎0479-22-0435　🕓11:30～14:00、17:00～21:00（土日祝は通し営業）¥伊達巻き（小）¥2,300（税込）休不定休　外川駅すぐ

ガイドは私の天職！「旅は人で楽しくなる」

鈴木彩子

観光アテンダント、おもてなしリーダーの鈴木彩子さん。観光協会在籍の観光ガイドなのだが、元はバスガイド。神奈川県で働いていたが、やっぱり地元がいいと、2010年に帰郷した。出身は旭市だが、観光といえば銚子ということで銚子の観光アテンダントに。銚子電鉄に乗り込み、観光パンフレットを持って、観光ガイドとして活躍した後、現在は「地球の丸く見える丘展望館」に配属。「いろんな方に喜んでもらえる職業なのでやりがいがあります。天気の日は曲線を描いた水平線が本当に見えるんですよ」。青春18きっぷで西日本を旅した時に、地元の人にとても親切にされ、「旅は人で楽しくなる」と確信。とにかく人と話すのが大好きだと話す。「銚子へお越しいただいたお客様に感謝し、銚子旅行がより楽しくなるお話を提供したい！」と元気いっぱいだ。

地球の丸く見える丘展望館　地図C-7

銚子市天王台1421-1　☎0479-25-0930　🕓9:00～18:30（10月～3月は17:00まで）（晴れの日はサンセットタイムあり）休無休　¥入場料 大人¥380（税込）　犬吠駅から20分

関谷医院
日本不動産
平成二年四月吉
若宮八幡神社
今宮青年会

銚子っ子のビッグイベント
若宮八幡の夏祭りを支える
今宮青年会の皆さん

7月末に行われる、若宮八幡神社の今宮青年会の夏祭りは、手作り感が溢れるお祭りだ。1975年に今宮青年会が結成されたのを機に夏祭りが復活。「子供たちが楽しめる祭りにしようと、値段の安い夜店を商店街のみなさんにお願いして20数店舗出店しました」と若宮八幡神社総代で五代目会長の伊藤浩好さんは話す。夜店は輪投げや射的、かき氷、金魚すくい、水ヨーヨーとどれも百円で楽しめるから子供たちは大はしゃぎだ。子供神輿にカラオケ大会、祭りの最後には豪華賞品の当たる抽選会もあって盛りだくさん。毎年、道路から人が溢れるほどの賑わいを見せ、お囃子も聞こえてきて、日本の夏ならではの情緒たっぷり。「僕自身も子供の頃、夏祭りはすごく楽しみだった。この伝統は継承させていかないといけないと、町内中がそう思っているので、みなさん、協力を惜しまないんです」と現在の会長で二十代目の渡辺拓和さん（下中央）。“自慢の祭り”と渡辺さんが胸を張るのも納得の、老若男女みんなが笑顔になるお祭りだ。

大人気の輪投げ。子供たちも真剣なまなざし

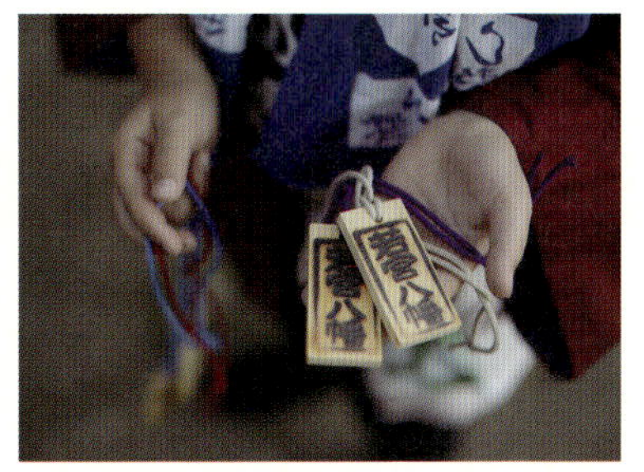

祭りの時の木札。豪華賞品が当たるという楽しみも

若宮八幡神社　地図B-25
銚子市三軒町6-9　☎0479-25-3412　夏祭りは7月最終土日に開催　銚子駅から10分

銚子の大漁節と跳ね込み太鼓を世界に伝える和太鼓集団

ひびき連合会の皆さん

「ひびき連合会」とは13の支部から成り立ち、子供から大人まで250人を超える和太鼓集団かつ、郷土民謡保存会だ。下は3歳から上は83歳と、四世代会員の家族もいるというからすごい。有名なのは大漁節。2014年で大漁節ができて150年をむかえた今でも現役で伝えている。また、夏の神輿パレードでのお囃子や、大盆踊り大会での演奏は見応えありで、なかでもジャンプしながら太鼓をたたく、跳ね込み太鼓は圧巻だ。「郷土民謡は日本の財産です」とひびき連合会会長の金島秀樹さん。目下、2020年の東京オリンピックで踊るのが目標だ。

子供太鼓「安波（あんば）ばやし」

ひびき連合会
https://ja-jp.facebook.com/hibikirengou

Festival of fishermen
銚子みなとまつり

毎年8月上旬の土日に2日間かけて開催されます。
この2日間は銚子の町は祭り一色。
みこしパレード、銚子正調大漁節などで通りがにぎわい、
夜は花火が夜空を彩ります。

一緒にうたおう!

銚子正調大漁節

一つとせ　一番づ～に積み立て～
川口押込む大矢声　この大漁船

二つとせ　ふたまの沖から外川まで
つゞいてより来る大いわし　この大漁船

三つとせ　皆一同にまねをあげ
通わせ船のにぎやかさ　この大漁船

四つとせ　夜昼たいてもたき余る
三杯いっちょの大いわし　この大漁船

五つとせ　いつ来て見てもほしか場は
あき間もすき間も更になし　この大漁船

六つとせ　六つから六つまで粕割が
大割小割で手におわれ　この大漁船

七つとせ　名高き利根川高瀬船
粕や油を積み送る　この大漁船

八つとせ　八だの沖合若い衆が
萬祝揃えて宮まいり　この大漁船

九つとせ　この浦守る川口の
明神御利益あらわせる　この大漁船

十とせ　十をかさねて百となる
千をとびこす萬両年　この大漁船

祭りを盛り上げる立役者
提灯をつくり続ける職人親子

石毛 芳夫・伸一

上：文字を書くのは熟練の技。下：手づくりコンパスの「分回し」は家紋の下書き用

祭りには提灯が欠かせない。石毛芳夫さん、伸一さん親子は四代続く提灯職人だ。夏祭りの前になると、昨年使った提灯の修理などで大忙しになる。「50年前はどこの家も、夜の外出時には提灯が道先案内だった」と芳夫さん。結婚式では家紋を入れた提灯が並び、どこの家同士の結婚か、一目瞭然だったという。提灯作りで一番、緊張するのは字を書く瞬間だ。「自分の字になるには時間がかかる」と芳夫さんはいう。「脈々と続いてきた伝統ですから、大切に継承していかねばと思います」と息子の伸一さん。好きな文字を入れたオリジナルの提灯もオーダー可だ。

石毛提灯店　地図B-26
銚子市東芝町1-14　☎0479-23-4007　9:00～19:00　¥手丸提灯 新規 ¥9,000（税抜）～
休無休　銚子駅から5分

オリジナル製法の
絶品青魚の漬丼で魅了する

清水 俊和

銚子で獲れたサバやイワシ、サンマなどの青魚を専門にした料理店。一口食べてびっくり！「熟成ダレ製法」でイワシの身はピチピチで鮮度は抜群、旨味がたっぷりなのだ。「銚子の青魚に付加価値をつけ、水産業と観音の商店街を活性化させたい」と店主の清水俊和さん。「銚子うめぇもん研究会」を立ち上げ、町の飲食店と協力して「食」の視点からどう町を盛り上げるか、定期的に勉強会を開いている。毎年11月に行われる「銚子極上さば料理祭」も活動の一環だ。「是が非でも銚子の青魚で商店街に客を呼び寄せる。それぐらいの覚悟でやってますよ」。

このおいしさは悶絶級。「真いわしの漬丼」単品￥800（税込）。つみれ汁も美味しい

観音食堂 丼屋 七兵衛　地図B-27
銚子市飯沼町1-26 ☎0479-25-3133 ⏲10:00～15:00 休水（祝日の場合は営業し、翌日休み） ￥各種漬丼￥800（税込）～ 観音駅から5分

原点に戻って「畳ってクール！」と思われる世の中にしたい

青柳健太郎

イグサの香りが漂う、畳素材を使ったバッグに定期入れ、ヨガマット……。これらをデザインしているのは、青柳畳店の四代目、青柳健太郎さんだ。青柳さんは高校卒業後、横浜の専門学校でインテリアデザインを学び、東京のデザイン会社に就職。企業や有名デパートの催事の空間デザインなどを手がけた後、27歳で帰郷。洋間が増え、畳文化が衰退している昨今、自分に何ができるのか。「日本の風土に千年以上適応してきたのが畳。原点に戻って、"畳ってクール！"と思われる世の中にしたい」と、同業者と非公開SNSグループを結成し、洋風の家に合う畳をトータルデザインで提案。残留農薬ゼロのイグサを使用するなど、小さな子供たちにも配慮している。畳に使えない長さのイグサをバッグ製作などに利用。デパートの催事で毎回完売するほどの人気だ。「商品をきっかけに、古くから伝わる畳の良さを知ってもらえれば」と青柳さん。家では6歳の息子と2歳の娘のやさしい父親だ。

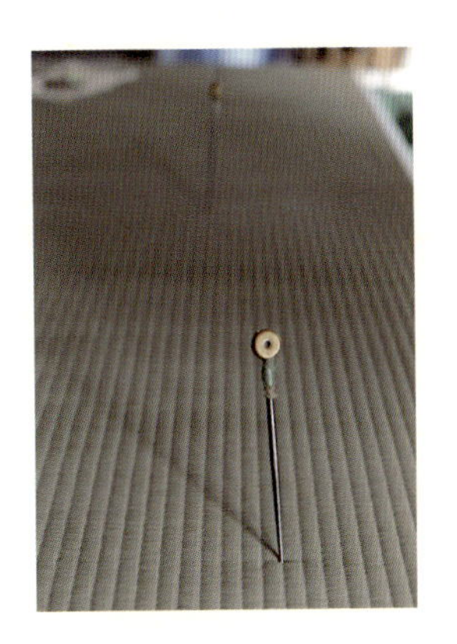

キーホルダー、スケジュール帳、iPadケース、バッグなど畳グッズもいろいろ

青柳畳店　地図C-8
銚子市長崎町10744-3 ☎0479-22-6331 🕓8:30～18:30 休日・祝 ¥定期券入れ¥5,940（税込）
外川駅から10分 web 商品はhttp://aoyagitatamiten.jp/でも購入可

GODDAMNED
STREET
CLEANER"
WE
ARE THE
DREAMERS
THE ORIGINAL
STROKE
STROKE
UNDER GROUND REAL LIFE
NO
SMOKING
Supreme
SPITFIRE

クールなファッションアイテムを
銚子から発信するスケーター

高橋 亮

銚子の駅からほど近くの路地裏にある「STROKE」。スケートボードやバイクといった、ストリートカルチャーの香りのするセレクトショップだ。オーナーは高橋亮さん。まるでアメリカのLAやポートランドにあるような手作り感ある内装は、高橋さんと仲間で手がけた。飾られている鏡などのプロダクトや洋服のデザインも行うというマルチぶり。東京の洋服店で働いていた頃、アメリカへの買い付けに同行し、本場のストリートカルチャーに触れたのが店をオープンするきっかけだった。現在、イベントなど不定期で行っているのが、子供用Tシャツのデザインワークショップ。持参したTシャツやパーカーに即席でデザインロゴを印刷したり、ワッペンを付けるのだが、毎回大盛況で、多い時には250人が訪れるという。子供たちも、自分が選んだデザインロゴが目の前でプリントされるのを見て、愛着がわくそうだ。「東京じゃなくてもかっこいいものは発信できる」と高橋さん。「STROKE」に来るとそれは本当だとわかる。

ワークショップで使う版型

クールでスタイリッシュな雰囲気の外観

STROKE　地図B-28
銚子市西芝町6-3　☎0479-25-3415　13:00～20:00　¥ Tシャツ加工プリント ¥500（税込）
休 木　銚子駅すぐ　web 商品はhttp://www.stroke-skc.com/でも購入可

お土産処

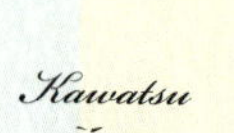

銚子セレクト市場

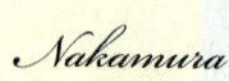

「濃口」「甘口」の2種類の醤油のラスク。創業大正三年の山口製菓舗特製。香ばしい味がやみつきに。濃いコーヒーとも合いそう。

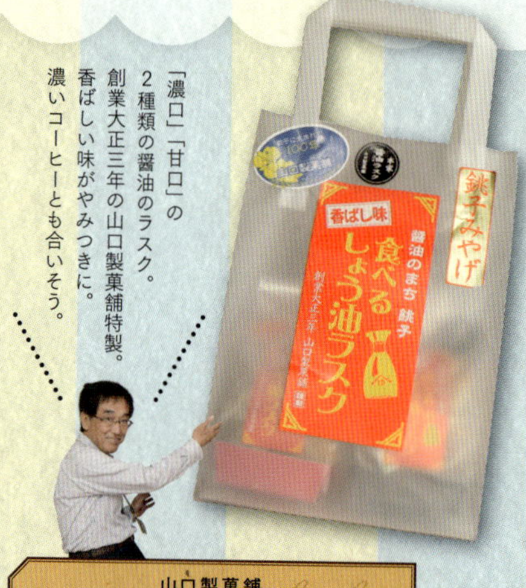

山口製菓舗
食べるしょう油ラスク（2袋入り） ¥781

とれたての旬のサンマを冷凍せずに使用した缶詰。臭みがまったくなく、上品な脂があとを引く。炊き込みご飯にするとご飯のおかわりが止まらない！

高木商店
さんま水煮（425g） ¥648

麺の30％がイワシという、ヘルシーな麺。何十年も銚子市内の小学校の給食に登場しているとか。茹でた麺を揚げてスナック感覚で食べても美味。

ボーモ阿尾
魚めん ¥544

凝縮感たっぷりのサイコロ状のイワシ角煮が旨味たっぷりのタレと一緒に入っている。そのままご飯にのせて食べるのがオススメ。

信田缶詰
いわし角煮（25袋入り） ¥1,150

2009年オープンの銚子のよりすぐりの商品が集まった「銚子セレクト市場」。110軒もの店舗の商品が揃い、生産者による試食販売も定期的に開催。社長の川津光雄さん、店長の中村佳彦さんがイチオシの9品をピックアップ！

銚子セレクト市場　地図B-㉙
銚子市双葉町3-6　☎0479-26-3123　営平日9:30～18:30、土日祝～19:00
休無休　銚子駅から5分　web 商品はwww.select.e-choshi.jp/でも購入可
※表示金額は税込みです。

昔から銚子ではおなじみの「木の葉パン」。市内のほとんどの菓子店で売られている。タムラパンの小袋入りはここでのみ購入可。

タムラパン
木の葉パン（5個入り）　¥412

銚子電鉄の名物、ぬれ煎餅の「うす口味」「甘口味」「濃口」の3種類が入ったお得パック。オーブントースターで温めて食べるとまた違う楽しみが。

銚子電鉄
銚子電鉄ぬれ煎餅三味箱入り（12枚入り）　¥1,080

昔ながらの木樽で作られる小倉醤油。銚子市内でしか買えない12ヶ月熟成した「五郎左衛門」。まろやかな深みのある味は何にでも合う。

小倉醤油
五郎左衛門十二ヶ月天然醸造しょうゆ（360ml）　¥482

ウコンと胡麻を食べている健康な鶏の玉子。殻を割ると鮮やかなオレンジの黄味。玉子かけごはんでぜひ。銚子市内のおばあちゃんにもファンが多い。

新鮮なほうぼうを塩で漬け込んで発酵させて作られる魚醤。上品な味で、煮込み料理などにコクを加えたいときに加えても。

本宮商店
魚醤　ほうぼう醤油（360ml）　¥540

サントクファーム
まことの玉子（10個入り）　¥470

一度食べたらやみつきに！
肉厚サバをパワフルにアピール

大木 乃夫恵

銚子プラザホテルの専務、大木乃夫恵さん。大学卒業後は東京の大企業に勤め、その後、高校の英語教師に。結婚を機にホテル業へ転身した。「銚子うめぇもん研究会」のメンバーでもあり、年々減少する観光客を引き入れるため、サバを使った町おこしを精力的に行っている。仕入れにも長ぐつをはいて自ら行くというからパワフルだ。看板商品のサバ寿司は、レアな肉厚の身で酢加減が絶妙。一度食べたらまた食べたくなる。「銚子のサバのおいしさを全国の人に知ってほしい」と大木さん。11月には「銚子極上さば料理祭」も開催。これは行かない手はない！

上:厚切りの「鯖寿司」(鯖づくしのコースから) 下:「鯖の漬け丼」¥1,000(税抜)

銚子プラザホテル　地図B-30
銚子市西芝町11-2 ☎0479-22-0070 チェックイン 15:00 チェックアウト 11:00
休 無休 ¥ 素泊り¥8,000(税込)～朝夕食別 銚子駅すぐ

アーティストの感性で
心豊かになるホテルを夢見る

宮内 博史

宮内博史さんは1986年生まれ。画家で、かもめホテルの若き経営者だ。大学で美術を専攻後、家業であるホテル経営を立て直すべく2010年から跡を継ぎ、建築業の経験を生かしてホテルを改装。シンプルな内装に絵を飾り、快適なフランスベッドに替え、Wi-Fi完備と、皆が楽しめるホテルに生まれ変わった。今後もじわじわとアートの要素を取り入れ、心が豊かになるホテルを夢見ている。また、縁あって鳥取にもアーティスト活動の拠点を置き、銚子と行ったりきたり。「画家としてどこまでできるか試したい」と決意は固く、挑戦は始まったばかりだ。

上：暖かみのあるフロント
下：清潔感のある部屋

かもめホテル　地図B-31
銚子市中央町9-32　☎0479-22-6255　チェックイン16:00　チェックアウト10:00
休 無休　¥ シングルルーム¥5,200（税込）、ツインルーム¥9,300（税込）　銚子駅から10分

銚子の魅力をギュッと凝縮したイベントを次々と発案

梅津 佳弘

犬吠埼ホテルの支配人、梅津佳弘さんは銚子市旅館組合事務局長で犬吠埼温泉協議会会長でもある。出身は宮城県。「人が親切で自然が豊かなところなど、銚子は宮城と似ているのですぐに馴染めました」。銚子の観光を盛り上げるのが梅津さんの使命だ。2014年の夏からスタートしたのがファミリー観光客対象の宿泊イベント「ラストサマー」。イルカウォッチングやジオツアー、醤油工場見学、磯遊びなど銚子の魅力をギュッと凝縮したイベントだ。「“また、銚子に来たい!”と思ってもらえれば」と梅津さん。宮城でも銚子でも大好物はサンマの刺身だそう。

上：1億年前の地層から湧き出る古代の湯「黒潮温泉の元湯」
下：フンボルトペンギンが玄関前でお出迎え

絶景の宿　犬吠埼ホテル　地図C-9
銚子市犬吠埼9574-1　☎0120-31-5489　日帰り入浴9:00〜21:30木曜のみ11:00〜21:30
日帰り入浴料　平日¥1,200 土日祝¥1,500（税込）　犬吠駅から10分

犬吠埼温泉協議会会長梅津さん
強力プッシュ！　犬吠埼のおすすめ温泉

ホテルニュー大新　地図C-⑩

島崎藤村ら文人も訪れた創業1645年（正保２年）の老舗。自然庭園を望む天然温泉露天風呂の泉質はナトリウム塩化物強塩温泉。

銚子市犬吠埼10292　☎0479-22-5024
🕓11:00～20:00　¥ ¥1,080（税込）　👣犬吠駅から5分

犬吠埼観光ホテル　地図C-⑪

1997年春、地域初の天然温泉が湧出。以来、豊富な湯量、効能のある「潮の湯温泉」として親しまれており、館内には６つの温泉風呂がある。

銚子市犬吠埼10293　☎0479-23-5111
🕓12:00～20:00　¥ 平日¥1,000（税込）、土日祝¥1,200（税込）　👣犬吠駅から10分

ぎょうけい館　地図C-⑫

創業明治７年、高村光太郎が「智恵子抄」を執筆したという､数多くの文人に愛された老舗の宿。露天風呂付大浴場は男女共オーシャンビュー。

銚子市犬吠埼10293　☎0479-22-3600
🕓11:00～15:00　¥ ¥1,000（税込）　👣犬吠駅から10分

スパ&リゾート 犬吠埼太陽の里　地図C-⑬

天然温泉露天風呂は、海と緑に囲まれた眺望の良いお風呂で、日頃の疲れを癒すのに最適。日帰りスパ「一望の湯」はアメニティも充実。

銚子市犬吠埼10292-1　☎0479-25-6000
🕓10:00～翌8:00　¥ 平日¥1,500（税込）土日祝¥1,700（税込）　👣犬吠駅から10分

※営業時間および金額は、全て日帰り入浴に関する情報です。

三千櫻
〆張鶴
吟醸
雨後の月
佐藤
佐藤酒造有限会社

日本酒の奥深さを伝えたい！
笑顔と銘酒のバーへようこそ

酒論たかしまの皆さん

地元に愛される酒屋、「酒のたかしま」は昭和30年創業。日本酒の専門店として知られるようになったのは、二代目の高嶋輝和さん（左端）の代からだ。実は高嶋さん、当時は酒がほとんど飲めなかった。ある日、義理の兄がもってきた新潟の地酒を飲んだとき、すっきりした味わいに「うまい！」と驚いた。銚子の魚にぴったりあうのだ。酒の取引は信頼関係が基本。何年も新潟に通いつめ、徐々に取引してくれる酒蔵が増えていった。全国に誇れる千葉の酒を造ろうと、酒屋の仲間たちや蔵元と一緒に新ブランドの「遊我月酔」を発表。できた酒は芳醇で繊細な味わいだと評判だ。2009年にオープンした、バー&ギャラリー「酒論たかしま」は、日本酒はもちろん、焼酎、国産のワイン、酒の肴など厳選の品揃え。妻の初江さんや長女に次女、長女の娘婿も一家総出のファミリー経営でアットホームな雰囲気だ。いつも明るい笑いに満ちていて、遠方からも客が訪れる。ジャズやクラシックのコンサートも開催。ついつい長居してしまう、居心地のよい空間だ。

カウンターがあり、店内には写真などが飾られている

「日本酒利き酒３種セット」¥500（税込）～

酒論たかしま　地図A-⑭
銚子市野尻町143-2　☎0479-33-2075　🕓18:00～22:30　休日・月
¥新潟・辛口銘酒セット¥500（税込）　椎柴駅すぐ

ロマンチックな新名所「月への階段」の仕掛人

向後 功作

銚子電鉄の社員の時に、「ローカル鉄道を存続させるためには、地域を元気にしなくては」と一念発起。なんと、40歳で千葉大学の工学部都市環境システム学科に社会人入学した、向後(こうご)功作さん。昼は仕事、夜は学業と二足のわらじを履き、ハードな毎日を経て、無事に卒業。数々の地域イベントを社内で提案し、実現した後、「銚子を活性化する観光を手がけたい」と銚子電鉄を退社した。市の観光協会で観光プロデューサーを務め、2014年に会社「観光交通プロデュース」を設立。銚子の魅力をプロデュースし、新しい観光を提案するのが目的だ。君ケ浜の海面に映る月とさざ波が、まるで月へと導く階段のように見える、「月への階段」(右)ツアーの仕掛人でもある。「ブームに終わらず、継続できる観光を生み出したいですね」と新しいチャレンジに意欲は旺盛だ。

観光交通プロデュース　地図B-32

銚子市双葉町1-23　☎0479-26-3321　🕘9:00〜18:00　休 無休　銚子駅から5分

web イベント情報は http://kkpc-biz.com/ でご確認ください。

Access from Tokyo to Choshi
東京方面から銚子へのアクセス

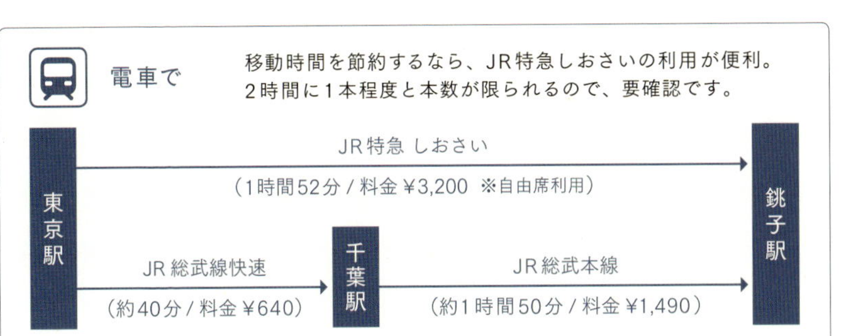
電車で
移動時間を節約するなら、JR特急しおさいの利用が便利。
2時間に1本程度と本数が限られるので、要確認です。
東京駅
JR特急 しおさい
（1時間52分 / 料金 ¥3,200 ※自由席利用）
銚子駅
JR総武線快速
（約40分 / 料金 ¥640）
千葉駅
JR総武本線
（約1時間50分 / 料金 ¥1,490）

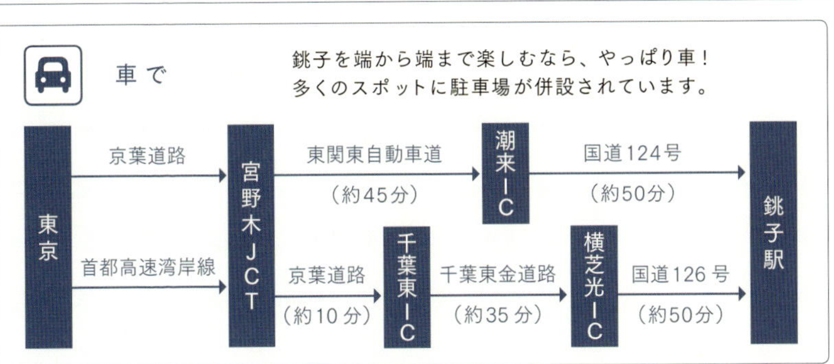
車で
銚子を端から端まで楽しむなら、やっぱり車！
多くのスポットに駐車場が併設されています。
東京
京葉道路
首都高速湾岸線
宮野木JCT
東関東自動車道
（約45分）
潮来IC
国道124号
（約50分）
京葉道路
（約10分）
千葉東IC
千葉東金道路
（約35分）
横芝光IC
国道126号
（約50分）
銚子駅

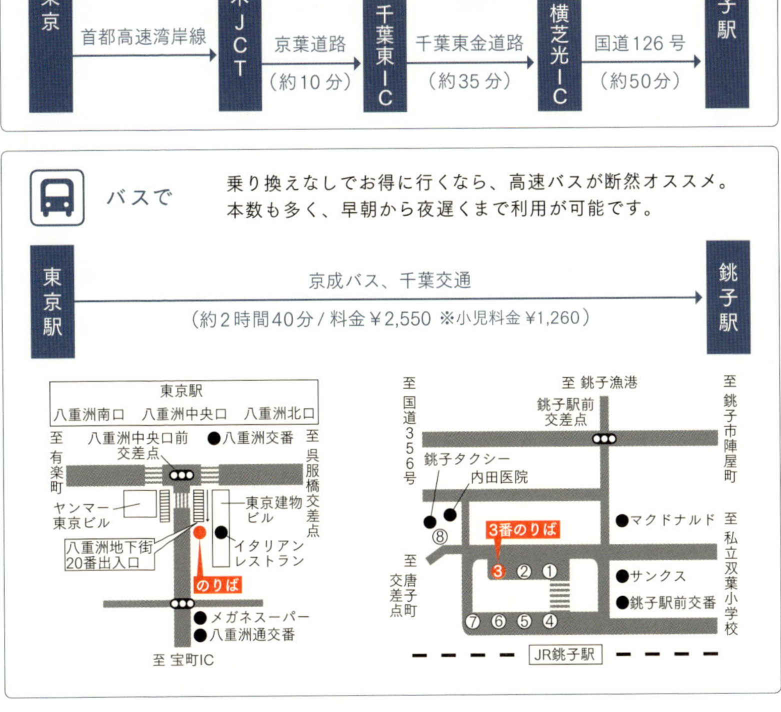
バスで
乗り換えなしでお得に行くなら、高速バスが断然オススメ。
本数も多く、早朝から夜遅くまで利用が可能です。
東京駅
京成バス、千葉交通
（約2時間40分 / 料金 ¥2,550 ※小児料金 ¥1,260）
銚子駅
東京駅
八重洲南口
八重洲中央口
八重洲北口
至 有楽町
八重洲中央口前交差点
八重洲交番
至 呉服橋交差点
ヤンマー東京ビル
東京建物ビル
八重洲地下街20番出入口
イタリアンレストラン
のりば
メガネスーパー
八重洲通交番
至 宝町IC
至 国道356号
至 銚子漁港
銚子駅前交差点
至 銚子市陣屋町
銚子タクシー
内田医院
マクドナルド
至 私立双葉小学校
3番のりば
至 唐子町交差点
サンクス
銚子駅前交番
JR銚子駅

Mogu Mogu calendar of the port town
お魚のまちの旬カレンダー

種別	1月	2月	3月	4月	5月
きんめ鯛					
かつお	夏の銚子港は、カツオの水揚げで賑わいます。4月の新鮮なカツオから、秋の脂の乗った戻りガツオまで味の変化を楽しめます。				
いなだ					
さ　ば		黒目がはっきりして濁ってないのが新鮮。塩締め、酢締め、昆布締め、干物、ミソ煮にすると生臭さが和らぎます。			
さんま					
あ　じ	銚子を代表する味のひとつ。栄養価の高い背の青い魚の中でも、特に値段もお手頃で、どんな料理でもおいしく頂けます。				
いわし	6月～8月頃のイワシは「入梅イワシ」と呼ばれ、舌の上で溶けるほどしっかり脂がのっています。この時期はぜひ刺身で味わって。				
磯かき					
さざえ		触ると蓋をさっと閉じたり、身を引っ込めるのが活きのよいさざえ。軽く振って音がしなければ身が詰まっている証拠です。			
伊勢えび					
車えび		体を曲げると縞模様が車輪のように見えるので車えびと呼ばれます。生の車えびのトロリとしたうまさは伊勢えび以上!			
メロン		銚子で生産されているメロンの約８割が、アムスメロン。果肉が甘く、香りと食感もよく、メロンの中でも人気のブランドです。			
キャベツ					
大　根					

冷たい親潮と暖かい黒潮がぶつかる千葉県銚子沖は、日本屈指の豊かな漁場。1年中、豊富な種類のお魚を楽しめるから、せっかくなら一番おいしい時期に、獲れたて新鮮を頂きたいですよね。銚子人が自信を持っておススメする魚と野菜を食べ頃とともにご紹介しちゃいます。

ガイドブック
銚子人
銚子人
コミュニティトラベルガイド

The history of Choshi-jin project
『銚子人』制作プロジェクト
ー 構想から丸2年 ー

2013年4月
プロジェクトスタート

COMMUNITY TRAVEL GUIDE 第2弾『福井人』発売開始。福井人プロジェクトを応援していた一人の銚子人の心に「私の地元にも素敵な銚子人がいる。そんな人たちを応援したい!」と熱い気持ちが飛び火。『銚子人』の物語が幕をあけました。

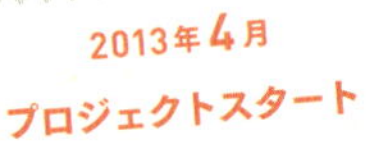

9月23日
キックオフ・ワークショップ

銚子に住む20代から70代まで23名が参加し、『銚子人』を作る方法についてアイデアを出し合いました。初対面の人ばかりでしたが、銚子に対する熱い想いは一緒。新たに一緒にプロジェクトを進めていく仲間も増え、プロジェクトはさらに加速!

9月 >>> 12月
制作資金集めに奔走

銚子市内をかけまわり、資金提供のお願い。目標金額は400万円。高いハードルに「実現は無理」と厳しい声をかけながらも寄付してくれる人、チラシを置いてあげると広報に協力してくれる人…。支援者の温かい声援に支えられました。

12月27日
クラウドファンディング開始
（2014年3月16日まで）

銚子在住者や出身者を中心に、プロジェクトへの想いに共感してくれる様々な人から支援を募るクラウドファンディング（https://readyfor.jp/）をスタート。クラウドファンディングと歩いて集めた分、合計380人からの後押しを受け、目標金額をクリア!

2014年4月19日
魅力的な銚子人と銚子の宝物を発掘するワークショップ

銚子を愛する総勢28名が参加し、風船職人、金目船団、佃煮づくりの達人…など魅力的な銚子人を発掘するワークを行いました。その後、銚子人の宝物を再発見するワークへ。「醤油」（p.68）「魚」（p.40）「銚子電鉄」（p.74）「祭り」（p.84）「地質」（p.52）をテーマに特集記事をつくることになりました。

4月20日
銚子の宝物を伝えるページづくりワークショップ

前日のワークショップで決定した企画を元に記事づくり。限られた時間の中で、どうすれば宝物が魅力的に伝わるのか、頭を寄せ合い考えました。最後はサインペンや色鉛筆を使い、みんなで力を合わせ手づくりで紙面にまとめ、完成!

6月 >>> 10月
取材・撮影・執筆

魅力的な銚子人リストを元に、編集部は取材に奔走。面白いエピソードの数々に、ライターさんから文字数は増やせないのか?と苦情がでたほど。梅雨の気まぐれな天気と戦い、素敵な表情を撮ってくれたカメラマンさんにも感謝。

11月 >>> 2月
編集・デザイン

全112ページに情報を凝縮。日本一早い日の出が見られ、太陽が燦然と輝く。夕陽が空を赤く染め、夜には月が水面に階段をつくる。そんな豊かな時間の中で生きる人々との出会いを楽しんでもらうために、朝昼夕夜と4つの扉で区切られています。

2015年3月
書籍『銚子人』発売開始

特別協賛者一覧（2名）

銚子信用金庫　理事長　松岡明夫
（株）ルミエール 代表　長谷川 朋美

ご協力ありがとう
ございニャした!!

制作資金・出資者一覧　※順不同

遠藤 友美
向後 功作
坂口 泰三
浅田 理恵
佐野 心一
内田 友紀
伊藤 史生
西谷 昭彦
笠原 圭美
金島 智明
吉原 尚寛
清水 恒平
藤崎 一成
山中 佳子
眞鍋 麻衣
石毛 一志
成田 真也
新行内 光
吉田 真歩
垣沼 孝一
古川 勝也
根本 吉規
秋葉 秀央
宮本 康正
内海 慎一
福島 哲也
塚本 潤子
飯山 雄一
高木 珠生
笹本 博史
茂木 洋祐
藤島 鐵郎
當金 泰光
侗後 英敏
杉山 俊明
西田 美樹
澤野 崎雄

溝口 勝啓
大野 正義
細谷 忠一
山本 和則
宮内 尚孝
宮内 康充
増田 靖代
堀米 英樹
石坂 道三
佐野 浩平
安藤 徳司
伊豆 尋子
保立 京子
信田 恭子
伊藤 博
早田 宰
瓦林 明
大木 衛
飯森 勲
鈴木 隆
藤本 剛
加満家
伊藤 聡
大塚 勝
山田 清
大嶋 亮
村上 悠
山田 崇
桜井 隆
佐野 收
加瀬 昭
平沼 衛
越部 卓
宮川 渉
波木 睦
ぽあん
萬蔵

宮内 敏行
澤田 裕江
山口 貢弘
青山 大樹
村田 英郎
石毛 克也
青柳畳店
中西 弘美
吉原 正巳
冨田学誠
西広 則和
八角 貴志
梅津 佳弘
加藤 紘道
廣瀬 健人
藤本 正雄
小澤 利政
川嶋 徳秀
秋元 健一
八木 宏純
土佐 忠男
村田 一司
土佐 弘幸
野平 優子
力武 若葉
藤本 健二
大川 武輝
小足 雄高
金子 泰造
大杉 尚裕
長門 真里
力武医院
力武 知之
力武 信子
力武 知人
力武 麻実
高安 きよ

塚重鮮魚店
大徳ホテル
新居 外志子
大八木 鷹次
聖母保育園
小川戸 周太
宇都宮 美智
宮内 与四郎
加瀬 喜兵衛
大川 恵美子
小足 あや子
最上 沙紀子
鈴木 美奈子
嘉平屋（株）
（株）トラヤ
（株）カトー
伊藤 浩一
藤本 京子
大川 正輝
渡辺 淳史
加瀬 忠一
大根 叢一
越川 芳雄
大野 慶周
関谷 喜朗
名洗 直志
加瀬 勝康
高安 浩樹
袖山 裕子
（株）一山
勝浦 秀夫
田杭 宏行
小林 明雄
金井 朝穀
宮内 隆成
竹村 洋司
なぎさや

（株）渡辺冷凍機
ふぐ割烹越中屋
銚子市旅館組合
（有）村田工業所
（株）大衆日報社
ヤマサ醤油（株）
大和電機工業
ヨシダ ナオキ
さかな料理 礁
セキネデンキ
ひびき連合会
（有）高根商店
（有）大関装飾
（株）明治牛乳
（有）島武水産
（有）コモンズ
（株）エルカナ
（株）伊東商会
（株）銚子山十
（有）アルプス
（有）伊予石材
（株）鈴榮商事
（株）テラジマ
岡田土建（株）
東和建設（株）
高橋食品（株）
鈴木仁三（株）
岩井興産（株）
（有）又兵衛
糟谷 美有紀
大久保 隆史
城島 麻理子
椎名 恵美子
溝口 登美也
松若 真由美
伊藤 佳世子
岡田 三恵子

（有）アイティオーファーマシー
（株）不二精工 東総営業所
銚子インターネット（株）
木村プログレス工業（株）
絶景の宿 犬吠埼ホテル
健美セラピストNaoko
銚子大洋自動車教習所
（有）ラクーンサービス
外川ミニ郷土資料館
銚子丸生組合青年部
（有）銚子海洋研究所
（有）大久保左官工業
（有）〆印島長水産
吉松 秀一、まりこ
ホテルニュー大新
（有）ヤマワカ水産
銚子プラザホテル
あらおい動物病院
グルマン亭ながい
（合）篠田食料品店
（有）金島塗装工業
銚子商工信用組合
（一財）北川財団
（株）平和酸素商会
（有）かねまた水産
鹿島木村冷蔵（株）
オールホケン（株）
（株）小川戸機械店
スバル千葉東（株）
花工房ほりごめ
きのくに写真館

上記216名を含む、
総勢632名の方から
ご支援頂きました。

『銚子人』からのメッセージ

銚子には面白い人が多いと思い、始めたこのプロジェクトですが、スタートしてみると発見の連続。読んでくださる方にも、そんな発見や出会いを楽しんでもらいたいです。
(力武 若葉 / 右から２番目)

人工衛星からでも確認できてしまうくらい、ちょっと目立ちたがり屋な町、銚子。そんな町を象徴するような個性豊かな銚子人が、さらに好きになりました。(大川 武輝 / 右端)

銚子にしかない「素敵な人、素敵な場所、美味しいお料理」を一冊の本にまとめられたことをとても嬉しく思っています。是非銚子を楽しんでください。(藤本 健二 / 左から２番目)

銚子を元気にしたい！と頑張る銚子出身の３人の仲間を応援したい。そして、私にとっても挑戦となるこの取り組みを絶対に実現させるという想いで作りました。(小足 雄高 / 左端)

このガイドブックをつくりたいという想いのある地域を募集しております。
興味のある地域の方は、以下までぜひご連絡ください。

連絡先（E-mail） info@issueplusdesign.jp
プロジェクトページ http://issueplusdesign.jp/project/CTG/

COMMUNITY TRAVEL GUIDE 「銚子人」編集委員会

プロジェクト運営	力武 若葉 小足 雄高 藤本 健二 大川 武輝
編集	筧 裕介 白木 彩智
取材・執筆	高山 裕美子
デザイン	明間 大樹 伊藤 博紀
撮影	関 健作
装丁・扉	宮内 博史
編集サポート	梅田 眞司 馬場 麻理子 成富 紘
広報協力	小菅 隆太
写真提供	(一社)銚子市観光協会 銚子市役所
特別協力	銚子人の取材に ご協力頂いた皆さん

制作協力
阿尾 希世美 青柳 健太郎
秋元 健一 秋元 健
石毛 克也 石橋 伸一
和泉 千恵子 市田 哲也
井本 大貴 岩瀬 隆文
岩瀬 直之 岩田 裕介
大木 乃夫恵 大﨑 豊
大富 奈穂子 大椛 一弘
大野 正義 奥 英昭
桶谷 範幸 垣内 宏之
高安 きよ 近藤 翔平
榊原 ひろみ 佐原 孝幸
椎名 宣行 島田 政典
白土 紀子 髙田 哲生
竹村 洋司 塚本 吉胤
椿 敬一郎 導祖 篤志
徳元 悠花 新井野 芳恵
西田 美樹 西田 玲
林 葉子 藤本 京子
藤本 正雄 宮内 康充
宮内 敏行 宮内 博史
宮川 敏孝 室井 房治
湯淺 悠紀 吉原 真
渡辺 直子

編集所 issue + design（http://issueplusdesign.jp/）

● 英治出版からのお知らせ

本書に関するご意見・ご感想を E-mail（editor@eijipress.co.jp）で受け付けています。
また、英治出版ではメールマガジン、ブログ、ツイッターなどで新刊情報やイベント情報を配信しております。ぜひ一度、アクセスしてみてください。

メールマガジン ：会員登録はホームページにて
ブログ ：www.eijipress.co.jp/blog
ツイッター ID ：@eijipress
フェイスブック ：www.facebook.com/eijipress

銚子人（ちょうしじん） COMMUNITY TRAVEL GUIDE VOL.5

発行日 2015年 3月25日 第1版 第1刷
2015年 9月15日 第1版 第3刷

編者 COMMUNITY TRAVEL GUIDE 編集委員会
発行人 原田英治
発行 英治出版株式会社
〒150-0022 東京都渋谷区恵比寿南 1-9-12 ピトレスクビル 4F
電話 03-5773-0193 FAX 03-5773-0194
http://www.eijipress.co.jp/

プロデューサー 高野達成
スタッフ 原田涼子 岩田大志 藤竹賢一郎 山下智也 鈴木美穂
下田理 田中三枝 山見玲加 安村侑希子 山本有子
上村悠也 足立敬 秋山いつき 君島真由美 市川志穂

印刷・製本 シナノ書籍印刷株式会社

ISBN978-4-86276-195-8 C2026 Printed in Japan